# स्वैर

[प्रबन्ध काव्य]

# स्वैर

रचयिता

**रामप्रकाश 'प्रकाश'**

अवकाश-प्राप्त क्षेत्रीय सचिव
माध्यमिक शिक्षा परिषद, इलाहाबाद (उ.प्र.)

**लोकभारती प्रकाशन**

इलाहाबाद नयी दिल्ली पटना कोलकाता

**लोकभारती प्रकाशन**
पहली मंज़िल, दरबारी बिल्डिंग, महात्मा गांधी मार्ग
इलाहाबाद-211 001

वेबसाइट : www.lokbhartiprakashan.com
ई-मेल : info@lokbhartiprakashan.com

**शाखाएँ** : 1-बी, नेताजी सुभाष मार्ग, दरियागंज
नई दिल्ली-110 002
अशोक राजपथ, साइंस कॉलेज के सामने
पटना-800 006
36 ए, शेक्सपियर सरणी, कोलकाता-700 017

**पहला संस्करण** : 2015



**बी.के. ऑफसेट**
नवीन शाहदरा
दिल्ली-110 032 द्वारा मुद्रित

SWAIR
*by* Ramprakash 'Prakash'

ISBN : 978-81-8031-982-2

**मूल्य** : ₹ 400

तिल तिल जलीं दीया बाती सी,
छँटा नहीं क्यों घना अँधेरा।
आशा बँधी अन्त में, आएगा,
स्वर्णिम दिन का नया सबेरा॥... (और आया।)

सहधर्मिणी, धर्मपत्नी श्रीमती उर्मिला देवी के साहस-निष्ठा को सादर समर्पित!

—**रामप्रकाश 'प्रकाश'**

तिल तिल जीवन जला,
किसी से लड़ते-लड़ते।
खतम हुआ सब तेल,
रात-दिन जलते-जलते॥

करने को औरों का उत्कर्ष,
किया खुद अपना ही अपकर्ष।
निरन्तर बढ़ा लक्ष्य की ओर,
स्वयं से कर-कर के संघर्ष॥

आत्मप्रशंसा वशीभूत हो,
किये सब अपने ही हित अर्थ।

स्वहित में होते हैं जो कार्य,
नहीं कहलाते वे परमार्थ॥

भव गत में जो छिपी भावना,
फलीभूत हो आगे आती।
दैन्य त्रास तम मिटे कर्म से,
पीढ़ी सीढ़ी चढ़ती जाती॥
बीत गई सो बात गई।

**—रामप्रकाश 'प्रकाश'**

**तीन बूँदों का**

आया हूँ पूजा करने माँ!
मस्तक ना चंदन रोली
पूजा समिधा नहीं, साथ में,
केवल एक फटी झोली॥

चन्दन की माँ नहीं जरूरत,
तेरी माटी ही चंदन।
सामग्री के तीन बूँद से,
तेरा आज करूँ वंदन॥

**पसीना—**
पहली बूँद पसीना की माँ,
तेरे चरणों पर होगी।
मुझ वित्तहीन की तुच्छ भेंट,
माँ तुझको लेनी ही होगी॥

इसी बूँद से माँ मैं तेरे,
कण कण को चमका दूँगा।
तेरी छाती के दैन्य त्रास, तम,
सब को आज भगा दूँगा॥

घर घर फूल खिला कर माँ,
हर आँगन को महका देंगे।
इसी पसीने के बल से माँ,
स्वर्ग धरा पर ला देंगे॥

**खून—**

बूँद दूसरी जो मैं लाया,
करता हूँ तुमको अर्पण।
जीवन भर माँ तेरी खातिर,
खूब करूँ शोणित तर्पण॥

आँचल में होगा दाग कहीं पर,
छुड़ा खून से हम लेंगे।
अटल रहे सौभाग्य तुम्हारा,
माँग खून से भर देंगे॥

लो, लो, यह स्वीकार करो,
मम श्रद्धा का प्रबल प्रसून।
जहाँ बहेंगे तेरे आँसू,
वहाँ बहेगा मेरा खून॥

**आँसू—**

एक बूँद आँसू की लाया,
यह थी मेरी मजबूरी।
एक ईश के हम सब वंशज
हम में क्यों इतनी दूरी॥

सर में शतदल सुन्दर लगते,
बोलो माँ! कैसे खिलते?
पूछ बिचारे उस कीचड़ से,
जिसका खून चूस पलते॥

यही दशा तेरे उपवन की,
जहाँ करोड़ों फूल खिले।

सुन्दर जिनसे तेरा उपवन,
उनको न पानी आज मिले॥

ठुकरा मत देना ओ माँ, ले
लो मेरे यह त्रय उपहार।
तेरी माटी में जीता हूँ,
शत शत मेरा नमस्कार॥

# पुरोवाक्

महाकवि जयशंकर प्रसाद ने कविता करना अनन्त पुण्य का फल माना है। काव्य स्फुरण नैसर्गिक प्रतिभा का परिणाम है। लोक और प्रकृति से तादात्म्य स्थापित करनेवाले सहृदय लोकानुशासन में विकृति को देखकर वेदना विगलित हो जाती है। लोक-वेदना ही द्रवीभूत होकर उनकी कविता के रूप में प्रकट होती है। इतिहास उसका सहायक होता है और प्रकृति सहचरी, लेकिन उसमें प्रकट होता है वर्तमान का दंश जिसे वे कोमल उपचार देते हैं। यह उपचार कभी आदर्श के रूप में आता है और कभी कटु यथार्थ के रूप में जिसके द्वारा समाज आत्मन्थन करता है। सच्चा कवि अतीत में चाहे जितनी दूर जाए, अपने युग और परिवेश से असम्पृक्त नहीं होता। वर्तमान उसका लक्ष्य है और अतीत शस्त्र। आदि कवि वाल्मीकि से वर्तमान तक कवि को वेदना ने ही वाणी दी है। अन्याय और अत्याचार के विरुद्ध लोक को स्वर देना कविता का उद्‌देश्य है। कविता जब लोक का स्वर बन जाती है तब बड़े-से-बड़ा अत्याचारी टिक नहीं पाता। यही कविता की शक्ति है।

अत्याचार का एक रूप स्वैराचार है। हम यह भी कह सकते हैं कि स्वैराचार ही अत्याचार की राह है। स्वैराचार का अर्थ है—व्यक्ति-मन का लोक-मन और लोक-मत से सर्वथा विलगाव। सामान्य भाषा में कहें तो मनमानापन। अपनी इच्छा इतनी प्रबल हो जाए कि समाज के सारे अनुशासन उसके समक्ष बौने हो जाएँ तो इसे ही स्वैराचार कहते हैं। सुर और असुर संस्कृति में स्वैर-भाव अधिक था। अतः वे संस्कृतियाँ विनष्ट हो गईं लेकिन

मानव समाज में स्वैर-भाव के लिए कोई स्थान नहीं रहा। कारण देव और असुर समाज नहीं, व्यक्ति थे और स्वार्थवश समूह बन जाते थे पर मानव एक समाज है। मनुष्य की वैयक्तिकता के साथ सामाजिक भावना भी है, एक मर्यादा भी है जो स्वैर-भाव का नियमन करती है।

सामाजिक मर्यादा को तोड़नेवाले तीन कारक हैं—धन, बल और काम। धन और बल जब उत्पीड़न की सीमा तक पहुँच जाते हैं तो उसे अत्याचार कहते हैं, यह प्रकट है, लेकिन काम अप्रकट व्यवहार है, मनोविकार है, और जब यह सीमा तोड़ता है तो सारी मर्यादाएँ नष्ट हो जाती हैं। काम की अति के लिए धन और बल की आवश्यकता और यश की आकांक्षा नहीं होती। इसका अस्तित्व सब में समान रूप से होता है। काम का अतिक्रमण ही मूलतः स्वैराचार है।

स्वैर-भाव दूषित मनोवृत्ति है। इसके परिणाम भयंकर होते हैं। पूरी मानवीय सभ्यता पर यह प्रश्नचिन्ह है। आज तमाम सामाजिक विकृतियों, दूषित पर्यावरण ने समाज में स्वैर-भाव को बढ़ावा दिया है। और कामेच्छा सड़कों पर नृत्य कर रही है। दैनन्दिन की घटनाओं में इसका प्राधान्य है और ऐसे में कोई कवि-मन शिक्षाविद् इससे विचलित-विगलित न हो, यह सम्भव नहीं है।

कवि-हृदय श्रीरामप्रकाश 'प्रकाश' ने इसी चिन्ता को पूरे ऐतिहासिक-पौराणिक परिप्रेक्ष्य में अपनी काव्यकृति 'स्वैर' में विस्तार से वर्णन किया है। समाचार-पत्रों में प्रकाशित तमाम घटनाओं ने प्रसिद्ध शिक्षाविद्, शिक्षा विभाग से जुड़े प्रशासकीय दायित्व से सम्पृक्त तथा प्रकृत्या कवि रामप्रकाश 'प्रकाश' को उद्वेलित किया और उनकी वेदना कविता के रूप में प्रवाहित हो उठी। अन्तर केवल इतना है कि उन्होंने स्वैरियों को निषाद की भाँति केवल अप्रतिष्ठा का शाप न देकर सुधरने का संदेश दिया है—

*मरो हया से पत्थर मारे,*
*रख दो सर उसके चरणों पर।*

*माफी की आशा में तुम,*
*गिरो सामने उसकी भू पर॥*

सुधार की यह अपेक्षा कवि ने मानव स्वभाववश की है। उन्हें मानवता पर अटूट विश्वास है। 'स्वैर' निश्चित रूप से वेदना का काव्य है। मिट्टी को माँ माननेवाले देश में नारी के विरुद्ध स्वैराचार कितना जघन्य है, इसका मार्मिक चित्र कवि ने प्रस्तुत किया है—

*एक पड़ी थी चार खड़े थे,*
*चारों ओर चीख ही चीख।*
*छलक रहे नयनों से आँसू,*
*माँग रहे थे मुक्ति की भीख॥*

इस स्वैराचार से एक जीवन कैसे नष्ट होता है, कवि प्रकाश जी ने लिखा है—

*मोह प्रेम ने करी खुदकुशी,*
*हत्या हुई मरा सम्मोहन।*
*आकर्षण ने आग लगा ली,*
*छल बल से श्रद्धा का दोहन॥*

कवि इस अत्याचार से उद्वेलित अनायास कह उठता है—

*पिता कलंकित हुए,*
*कलंकित जन्मभूमि भी तेरी।*
*माँ की ममता हुई कलंकित,*
*आँखें तुमसे सबने फेरीं।*

स्पष्ट रूप से ज्ञात होता है कि कवि की व्यथा वर्तमान की विसंगतियों से उपजे स्वैरियों के कदाचार के प्रति है किन्तु चूँकि कवि का उद्देश्य स्वैर के विरुद्ध वातावरण निर्मित करना है, अतः वे एक शिक्षक की भूमिका में आते हैं और पुराकथा से जुड़ते हैं—

*रामचरित मानस केवल,*
*काव्य नहीं आदर्श पाठ।*
*सीख नहीं पाए यदि इससे,*
*मनुज नहीं हो, जड़वत् काठ॥*

कवि रामकथा के माध्यम से शूर्पणखा के स्वैरभाव का विस्तार से वर्णन करते हैं। इस प्रकार शूर्पणखा प्रसंग ही प्रस्तुत कृति में स्वैर के उपाख्यान के रूप में आया है जिसमें कवि की काव्य-प्रतिभा का परिचय मिलता है। कवि के अनुसार मर्यादा पुरुषोत्तम राम ने ही असुर स्वैराचारियों का मान-मर्दन कर मर्यादा की स्थापना की थी जिसका अनुसरण समाज का धर्म है। वे कहते हैं कि यदि स्वैर-भाव से आई शूर्पणखा को राम स्वीकार कर लेते तो स्वैरियों का मार्ग खुल जाता पर उसके क्या परिणाम होते—

*कर लेता आदर्श खुदकुशी,*
*विजय पाप की ही होती।*
*मजबूरी में मर्यादा ही,*
*कुत्सा के पद को धोती॥*

शूर्पणखा के मोहक, सुन्दर रूप और स्व-समर्पण से राम अविचलित रहे और उसने आसुरी भाव प्रकट किया। क्रोधातुर लक्ष्मण ने उसे दंड देना चाहा पर राम ने वहाँ भी मर्यादा का पालन किया।

राम कहते हैं—

*क्या नीति धर्म तुम भूल गए,*
*नारी पर अस्त्र उठा बैठे।*
*अपनी उद्दाम भावना में,*
*तुम अपना धर्म लुटा बैठे॥*

अन्त में कुत्सा को कुत्सित रूप देकर लक्ष्मण ने कर्ण-नासिका काट ली। शूर्पणखा के माध्यम से स्वैरियों को संदेश देते हुए कवि का यह चित्रण दर्शनीय है—

*लाज बोझ से गढ़ी गढ़ी,*
*कुछ क्षण तक वह रही पड़ी।*
*नयन मूँद निज कर तल से,*
*नत मस्तक फिर हुई खड़ी॥*

इस प्रकार प्रस्तुत काव्य-कृति में श्रीरामप्रकाश 'प्रकाश' जी ने राष्ट्र की ज्वलंत समस्या ही नहीं, नारी की पीड़ा को एक नया आयाम दिया है। यह भी विलक्षण प्रयोग है कि कवि ने अपनी इस रचना में स्वैर आचरण करनेवाली एक नारी के चरित्र को सामने रखा है। कवि का अभिप्राय है कि जिस देश में स्वैराचार करने पर एक नारी को इतना कठोर दंड दिया जाता रहा है वहाँ यदि पुरुष स्वैराचार करेंगे तो उन्हें कितना कठोर दंड मिलता, इसकी कल्पना नहीं की जा सकती क्योंकि भगवान राम ने स्त्री होने के कारण शूर्पणखा को अवध किया था।

'स्वैर' काव्यकृति में कवि ने केवल नीति का वर्णन नहीं किया है। पंचवटी के वर्णन में उनका प्रकृति-प्रेम तथा शूर्पणखा के सौन्दर्य वर्णन में शृंगार रस चरम पर है। संध्या वर्णन करते हुए वे लिखते हैं—

*तारों को दे मौन निमंत्रण,*
*सान्ध्य सुन्दरी सजी-सजी।*
*रँगा-रँगा तन ओढ़े आँचल,*
*आज चली थी लजी-लजी॥*

इसी प्रकार शूर्पणखा का सौन्दर्य वर्णन करते हुए कवि का कथन है—

*घनश्याम घटा भी शरमाती,*
*सिर की घुँघराली अलकों से।*
*हिरनी की आँखें हार गईं,*
*उसकी कजरारी पलकों से॥*

कवि प्रकाश जी प्रतिभाशाली कवि हैं। अत: उनके काव्य में अलंकारों का बहुविधि प्रयोग हुआ है, वीप्सा में तो वे सिद्धहस्त हैं।

समग्र रूप से कहा जा सकता है कि कविवर रामप्रकाश 'प्रकाश' ने अपनी इस काव्यकृति 'स्वैर' में न केवल एक कुत्सित सामाजिक स्थिति का चित्र खींचा है वरन् समाज को

जगाने का प्रयास भी किया है। उनकी प्रस्तुत कृति न केवल नारी विमर्श, वरन् सामाजिक और सांस्कृतिक विमर्श के दायरे में आती है और इस कृति पर हिन्दी जगत में ही नहीं, सामाजिक क्षेत्र में भी व्यापक चर्चा होनी चाहिए। एक सर्वथा नये विषय समाज के समक्ष लाने के लिए 'प्रकाश' जी को साधुवाद।

**—डॉ. लक्ष्मीकान्त पाण्डेय**
पूर्व हिन्दी विभागाध्यक्ष
पी.पी.एन. कॉलेज, कानपुर

प्रधान सम्पादक
'नव निकष' मासिक

# अपनी बात

बहुत दिन से मन में यह विचार उठ रहा था कि कुछ लिखूँ। लिखूँ भी तो ऐसा लिखूँ जो कि सार्थक हो और लोकनीति-सम्मत हो और यह भी कि आज के समय को झकझोर दे। और ऐसा लिखूँ कि हमारे गौरवशाली अतीत का दर्शन हो जाये। नई पीढ़ी हमारे गौरवशाली अतीत से प्रेरणा ले। आज हमें यह भी दिखाई दे रहा है कि जब से कंकरीट युग प्रारम्भ हुआ है, नई पीढ़ी में स्वैर की भावना बढ़ती जा रही है। स्वैर का अर्थ है—हम भले और बुरे में कोई भेद न समझें। जब हम स्वैर के युग में जी रहे होते हैं तो भलमनसाहत, यश, सनातन संस्कृति, आदर्श का अर्थ खो देते हैं। मैं और क्या कहूँ, मेरी समझ में तो यही मृत्यु है। सांसारिक जीवन जीना कोई अभिशाप नहीं है बल्कि इसी जीवन में रहकर हम तप, त्याग, सहिष्णुता, समानता, सहनशीलता, व्यष्टि का समष्टि में विलय, 'मैं' को त्याग कर 'हम' का परिभाषा गढ़ते हैं। आदर्श जीवन में आत्म-प्रशस्ति का कोई स्थान नहीं है। कार्य और सोच में लोक-कल्याण की भावना परिलक्षित होती है। अतीत के प्रति लगाव और श्रद्धा हमारे जीवन जीने का सम्बल बने। हमारे पुरातन आदर्श कभी भी अप्रासंगिक नहीं हो सकते हैं। यही लोकनीति है और यही संविधान भी है। अकल्याणकारी बातों का, कार्यों का लोकनीति और संविधान में समावेश नहीं हो सकता है। इस युग में समाचार-पत्रों में वही पढ़ने को मिलता जिसमें हम दाँतों तले उँगली दबाते हैं। ऐसा लिखा हुआ हमारे गौरवशाली अतीत से मेल नहीं खाता है। इस तरह के कार्य करनेवाले तत्त्वों को हम ही नहीं, सारी सृष्टि,

जिसे चिंतन का सुअवसर प्राप्त हुआ है, धिक्कारती है। जब इस तरह की घटनाओं की पुनरावृत्तियाँ हो जाती हैं या बारम्बारता बढ़ जाती है, तब हमें कलि-काल के युग में रहने का बोध हो जाता है। बजाय इसके कि हम अपनी आदतों में सुधार करें, कुछ कल्याणकारी करने की सोचें, पाठकों को अपने गौरवशाली अतीत का पुनर्बोध कराएँ। बस, एक बहाना बना लिया कि हम कलिकाल में रहते हैं। अरे कोई तो ऐसा वीर होगा जोकि कलिकाल के प्रभाव को रोकने के लिए, कम करने के लिए अगली लकीर खींचेगा, जिससे उसकी गतिविधियों की पुनरावृत्ति रुकेगी। यही सोचकर यह प्रयास किया है। अब कहाँ तक सफल हुआ, यह आप जानें। विषयवस्तु का उल्लेख भी तुलसी ने अपने महाकाव्य रामचरितमानस में किया है। यह उदाहरणार्थ है, इस युग के लिए आदर्श है। उसी के एक अणु को बस अपनी विचारधारा में उन पात्रों की अभिव्यक्ति मानकर पिरो भर दिया है। यह मानकर कि यदि हम होते तो मेरी यही अभिव्यक्ति होती। पर हमारा ऐसा सौभाग्य कहाँ? इतनी महानता कहाँ? इन खराब घटनाओं में अपने को सँभाले रहें, यही बहुत है। यह रचना अपने अतीत की सनातन परम्परा का पालन तथा उस गौरवशाली अतीत से ली गई प्रेरणा-भर है।

'स्वैर' के रचने में समय तो लगा। पहले कुछ लिखा, बाद में व्यवधान आया सांसारिक कारणों से, स्वास्थ्य खराब होने के कारण। फिर शुरू किया। जब नर-पिशाचों ने मनुजता से नाता तोड़ दनुजता की सीमा को पार कर दिया, आये दिन समाचार-पत्रों में यही पढ़ने को मिलने लगा जिसमें हम दाँतों तले उँगली दबाते हैं। ऐसा लगा कि आज के इस मनुज को क्या हो गया है? ईश्वर की रचना द्वारा ईश्वर की रचना को ही कुचल-कुचलकर तहस-नहस किया जा रहा है, उसकी संवेदना सूख गई है। सम्मान का डर इतना खतम हो गया कि उसने लोकनीति से नाता ही तोड़ लिया और स्वैर को अपना कर, वह सब करने पर उतर आया जिससे राक्षस भी एक सीमा तक डरते

थे। सीमा का उल्लेख इसलिए कर दिया कि राक्षस भी ऐसा कार्य तभी करते थे जब उनकी आर्यों के प्रति ईर्ष्या-कलुषित भावना उनकी सुकृति को नष्ट कर विकृति की भावना उनमें पैदा होती थी। यह उन अनार्यों का प्राकट्य लक्षण बन गया था। पर हमारी मनुज परम्परा कल्याणकारी, लोकनीति को मजबूत करने वाली, सामाजिक मर्यादाओं की रक्षा करने वाली श्रेष्ठ परम्परा है। इससे इतर हम दनुज परम्परा के पोषक हो जाएँगे, जो न तो मनुज, समाज व देश के लिए कल्याणकारी है, बल्कि युगों-युगों तक हमारे गौरवशाली अतीत पर कुठाराघात करेगी, ऐसा मेरा मानना है।

**—रामप्रकाश 'प्रकाश'**
अवकाश-प्राप्त क्षेत्रीय सचिव
माध्यमिक शिक्षा परिषद,
इलाहाबाद (उ.प्र.)

# आभार

क्या कहूँ! पुस्तक प्रस्तुत करने में अपार हर्ष का अनुभव अवश्य कर रहा हूँ। पुस्तक की पांडुलिपि धर्मिणी धर्मपत्नी श्रीमती उर्मिला देवी को उनके जन्म दिन 2 मई, 2014 को समर्पित की थी। तब और अधिक हर्ष का अनुभव हुआ था। ऐसा लगता है कि जैसे मैंने उनको दुनिया की सबसे बहुमूल्य चीज दी हो। कोई समझे या न समझे, यह पुस्तक मेरी साँसों का हिस्सा है इसलिए मेरे लिए बहुमूल्य ही है। इसके सिवा मैंने उनको दिया ही क्या सिवाय तीन बच्चों के। यह भी मैंने गलत ही कहा—उनकी कोख, उनकी ममता, उनका परिश्रम सब कुछ तो उनका ही। पर थोड़ा-बहुत ही सही, श्रेय हमारा भी है। पर सब उन्हीं को तन समर्पित। मन समर्पित। धन समर्पित। हाँ, यहाँ तन और मन की बात तो ठीक है पर धन तो है ही नहीं। जो कुछ थोड़ा-बहुत हो पाया, वह मेरा अकेला नहीं, आधा तो उनका ही है। मेरा अकेला नहीं है। फिर भी तेरा तुझको सौंपते...।

एक चीज क्या, जो बात मेरे मन में है, उसको भी व्यक्त कर दूँ। पुस्तक को तैयार करने में अकेला मेरा प्रयास नहीं है। मैं तो जब पैदा हुआ था तो मेरा कुछ भी नहीं था। बताते हैं कि 15 मिनट बाद रोने की आवाज आई थी। न शब्दों का ज्ञान था। व्याकरणीय ज्ञान का तो प्रश्न ही कहाँ? बहुत समय बाद तुतलाया था। जितनी बातें मैंने भाषा के माध्यम से कहीं, सीखीं, उतनी माता-पिता, परिजनों के साथ। उनमें भी मेरा कोई योगदान नहीं। शरीर माता-पिता का दिया, तुतलाना और उँगली पकड़ कर चलना सीखा परिजनों के साथ। किस बात का अभिमान।

हाँ, जीवन-संघर्ष रहा तो मेरे ही नाम। पर इसमें भी गुरुओं, समाज तथा हमारे देश के गौरवशाली अतीत का अप्रतिम योगदान है। गौरवशाली अतीत के बीज किस्से-कहानियाँ कालान्तर में पुस्तकों के माध्यम से अन्तःकरण में न पड़ जाते, उससे प्रेरणा न मिलती तो संघर्ष कैसे कर पाता? हम तो अनुकरण करनेवालों की श्रेणी में हैं। संघर्ष तो असली उनका था जिनमें किसी को फाँसी लगी, किसी ने यातनाएँ सहीं, किसी ने समाज को ऐसी दिशा दी कि उनका यदि महती कार्य न होता तो समाज की क्या दशा होती। अपने सामने ही देख लो। कच्ची माटी तो एक लौंदा कहलाता है। कुम्भकार यदि कोई अपना योगदान न दे, मशक्कत न करे तो उस लौंदे का क्या अस्तित्व! कुम्भकार के योगदान, उसकी मशक्कत से उसे बर्तन का, मूर्ति का रूप मिला, आकार मिला, तब हम उसको कोई नाम दे सकते हैं उसकी उपयोगिता के अनुसार। यदि मूर्ति हुई तो हमारे गौरवशाली अतीत में पौराणिक आख्यानों में, पुराणों में वर्णित महान शक्तियों तथा देश के नामी महापुरुषों के अनुसार, जैसे—चार हाथ हुए तो ब्रह्मा जी, सूँड (नर के आकार पर हाथी का सिर) गणेश जी, धनुष-बाण लिए तो मर्यादा पुरुषोत्तम राम, सिर पर मोर पंख व हाथों में मटकी हुई तो कृष्ण भगवान। ऐसे ही अन्य देवी-देवताओं, जानवरों की आकृतियों के आकार, रूप-रंग की बनावट के अनुसार हम नाम दे लेते हैं। और यह सब है माटी के कच्चे लौंदे के साथ कुम्भकार के खेल का कमाल। कुम्भकार की बनाई कलाकृतियों को उनके रूप, रंग, आकार को पहचान कर ही तो नाम मिला। नहीं तो क्या था? मैं भी था जन्म के समय कच्ची माटी के लौंदे के अस्तित्व का। मैं भी जन्म के समय कच्ची माटी के लौंदे के समान ही था। केवल खून-मांस से बने नर के लोथड़े के साथ अपने अस्तित्व में। बाद में जो कुछ बन पाया, जो आज हूँ, उसमें माँ-बाप, परिजन, पुरजन, समाज, मेरे गुरु तथा अन्य श्रेष्ठ प्रवर वरिष्ठों तथा देश के गौरवशाली अतीत के अलावा और बहुत से कारकों का योगदान है। उनके

प्रति मैं कृतज्ञ हूँ, आभार व्यक्त करता हूँ, उनको प्रणाम करता हूँ। स्वीकारना उनका काम।

मेरे पूर्वजों ने अपने स्वत्व की, अपने लाभ की कोई परवाह ही नहीं की। उनके लिए धर्मनीति तथा मानवीय सिद्धान्त, राष्ट्रप्रेम, त्याग, बलिदान, कर्तव्य सब कुछ थे। इन वर्णित मूल्यों की, मानवीय मूल्यों की मशाल भविष्य में भी जलती रहे, यही उनके लिए सब कुछ था। इसी में उन्होंने अपने को होम दिया। इसी कारण उनका हमारे दिलों में, देश में स्थान है। उनकी जलाई मशाल जल रही है। आगे भी जलती रहे, पुस्तक प्रस्तुत करने का मात्र यही उद्देश्य है। हमारी पीढ़ी—बुरे कामों से बचे तथा गौरवशाली अतीत से प्रेरणा ले। यदि ऐसा इस पुस्तक के द्वारा हो सका, तो मैं अपने प्रयास को सफल समझूँगा।

लोग कहते हैं कि अब कलियुग आ गया है। बुराइयों की अधिसंख्यता, नारकीय घटनाएँ, विभिन्न माध्यमों से प्रकाश में आने के कारण ही सामान्य जन यह कहने लगे हैं कि हाँ, कलिकाल का प्रारम्भ हो गया है। युगों के सम्बन्ध में कोई आधिकारिक तिथिवार तो कोई घोषणा हो नहीं सकती। उसका आगमन (कलियुग) अशुभ संकेतों से समझा जा सकता है।

गत वर्षों—सन् 2011-12-13 तथा वर्तमान वर्ष 2014 में इतनी अधिसंख्य अशुभ घटनाएँ घटीं कि मानवता शरमा गई, थर्रा गई। चारों ओर त्राहि-त्राहि मच गई। ऐसा लगने लगा कि अब आगे और क्या होगा? अन्य परिस्थितियों में संघातिक पाप तो निरन्तर हो ही रहे हैं, पर इनसानियत की हैवानियत को पार कर बलात्कार की घटनाएँ ज्यादा ही होने लगी हैं और निरन्तर आए दिनों हो रही हैं। अब तो हद हो गई है कि ये घटनाएँ अपस संस्कृति में पले हमारे अपने युवकों के द्वारा ही हो रही हैं बल्कि उनके द्वारा ही घटनाओं का होना प्रकाश में आया है कि ऐसा कभी सोचा भी नहीं जा सकता। घटना के प्रमुख कारक हमारे पवित्र अतिसम्माननीय रिश्ते बन रहे हैं तथा जनमानस को उद्वेलित कर रहे हैं। हम चाहते हैं कि प्रस्तुत पुस्तक द्वारा नई

पीढ़ी में मर्यादा, कर्तव्यपरायणता, राष्ट्रप्रेम, अनुशासन तथा अच्छी सोच स्थापित हो।

परमात्मा से प्रार्थना है कि वह हमारे युवकों, समाज को और हम सबको सद्बुद्धि दे कि इन घटनाओं में किसी भी प्रकार से शामिल नहीं हों। जो कर रहे हैं, उनको धिक्कारें अपने-अपने सार्थक प्रयासों द्वारा।

जो भी मैंने हर दिन जितना कुछ लिख पाया, सर्वप्रथम अपनी धर्मपत्नी श्रीमती उर्मिला देवी के समक्ष इसलिए प्रस्तुत किया कि वे प्रयास की सकारात्मकता को परखते हुए यह सुझाव दें कि इसमें और क्या शामिल किया जा सकता है, जिससे समाज में प्रस्तुत रचना का उद्देश्य स्थापित हो सके। उन्होंने भरपूर चेष्टा की, सुझाव भी दिए। उत्साह भी बढ़ाया। उनके द्वारा दिए गए सुझाव प्रेरक थे। मैंने उन्हें सम्मिलित भी किया। इसके लिए मैं उनके प्रति आभार प्रकट कर उनको शर्मिंदा नहीं करना चाहता। मैं उनका हूँ। सब कुछ उन्हीं का है। जो लिखते बना, सब उन्हीं का है। मेरा कुछ नहीं। मेरे पास तो उन्हीं की दी हुई एक कलम है। अत: सब उनको समर्पित, सारा श्रेय उन्हीं को।

बेटे कुलरंजन, विश्वरंजन, डॉ. प्रियरंजन हमें कहाँ, कहाँ नहीं ले गए! घटना-स्थल तक ले गए। मैं उन्हें साधुवाद के साथ एवज में आशीर्वाद ही दे सकता हूँ और कुछ मेरे पास है भी नहीं।

आशीर्वाद पुत्र-वधू गीता, रेनू (ललिता), डॉ. अनामिका को भी। इनका योगदान भी कम नहीं। इन्होंने इसे पढ़ा और सराहा। तो मैं और लिखने को उत्साहित हुआ। यह क्या कम योगदान है ? रात-विरात अकेला लिखता रहा तथा बीच-बीच में चाय मिलती रही। परिणामस्वरूप थका नहीं। अधिक प्रयास कर सका। अत: इन तीनों को भी साधुवाद, आशीर्वाद।

और पौत्र-पौत्री प्रियांशी, यशाद्री, आद्या, आश्विन, आदित्य, आतिश दिन में मेरे सामने रहे, पढ़ते रहे, ऊबने नहीं दिया,

खाना-पानी देते रहे। प्यारी-प्यारी, मीठी-मीठी बातें करते रहे, थकावट नहीं आने दी। इन्हें भी ढेर-सा प्यार। साथ ही हरगोविन्द, अमित कुमार उत्तम—रिश्ता इनसे खून का नहीं लेकिन विशुद्ध प्यार का। असली से भी ज्यादा। जहाँ भेज दिया, भागे गए संजीवनी लेने। संजीवनी नहीं मिली तो पहाड़ ही उठा लाए। इनमें इतनी हनुमान शक्ति। इन्हें भी साधुवाद, ढेर सा प्यार।

राणा कम्प्यूटर, श्याम नगर के प्रयास का तो कहना ही क्या! कम पैसे में अच्छा काम, अच्छा प्रयास, सराहनीय। वे अपने समय के पूरे पाबन्द। जब भी काम माँगा, उसी समय वापस किया। उनमें तथा उनके कर्मचारियों तथा पूरे घर से एक आत्मीयता का आभास होता है। अतः हृदय से उन्हें बिना साधुवाद, बिना आभार दिए कैसे रह सकता हूँ! राणा कम्प्यूटर को मेरा कोटिशः आभार, कोटिशः धन्यवाद।

कुल 68 साल की अवस्था में 40 साल की अवस्था ऐसी मानी जा सकती है, जो पूर्ण परिपक्वता से भरी हो। वैसे तो जहाँ तक मुझे याद है और बड़े परिजन तथा पड़ोस के परिजन यह कहते हैं कि मैं जान ही नहीं पाया कि कब जवानी आई, कब बुढ़ापा आ गया। समझदारी की उम्र में 40 वर्ष ऐसे हैं जिनमें मैं आदमी के गुण व दोषों की समीक्षा कर सकता था। जिनका जीवन मानवीय मूल्यों से भरा होता व अनुकरणीय लगता था, उनका स्थान हृदयपटल पर अंकित हो जाता था और वे आज भी याद हैं।

पर यह बात तो नई है जब दो माह पहले ही डॉ. लक्ष्मीकान्त पांडेय, जो पी.पी.एन. कॉलेज, कानपुर पोस्ट ग्रेजुट कॉलेज, में हिन्दी विभाग के पूर्व अध्यक्ष हैं, के पास उनका नाम सुनकर ही इस आशय से गया था कि जो कुछ लिखा है, वह सार्थक है कि नहीं, समाज में उसकी उपादेयता है या नहीं—ऐसा मूल्यांकन कोई विद्वान व्यक्ति ही कर सकता था। मुझे याद है कि मैं एक हिन्दी के प्रति निष्ठावान, साहित्यसेवी विद्वान के

समक्ष नतमस्तक बैठा था। इस भेंट में मैंने अपने को धन्य समझ लिया। अब जो शेष जीवन है, उसमें तो उनको भूल नहीं सकता। औरों से उनकी चर्चा किए बिना रह नहीं सकता। उन्होंने सुझाव दिए, उत्साहवर्धक आशीर्वाद दिया। उनकी प्रेरणापूर्ण भेंट से फिर जुट गया, और पुस्तक आपके सामने है। मैं कैसे उनके प्रति आभार व्यक्त करूँ, पर जो मन में है सो मन में है। फिर भी उनके प्रति कृतज्ञता व्यक्त करना अपना धर्म समझता हूँ। ऐसी शख्सियत को बार-बार प्रणाम!

# अनुक्रम

प्रथम सर्ग

# उद्दंड युवकों द्वारा स्वैर कार्य

किसी भ्रातृ की बहना थी वह,
किसी पिता की थी संतान।
नाता तोड़ मनुजता से क्यों,
समझ लिया तूने अनजान॥

एक पड़ी थी चार खड़े थे,
चारों ओर चीख ही चीख।
छलक रहे नयनों से आँसू,
मांग रहे थे मुक्ति भीख॥

जीवन पुस्तक लिखी अभी तक,
पूरी किये जितने अध्याय।
क्षीण तुम्हारा मान कहाँ है,
है समाज यह क्षीण काय॥

कल छपा था यही,
यही बात तो परसों भी।
किसी लुटेरे ने लूटी,
संचित निधि बरसों की॥

इसी बात से आज रँगे हैं,
सारे के सारे अखबार।
अमर हो गया बाला के संग,
किया किसी ने जो व्यभिचार॥

किसी भ्रातृ की बहना थी वह,
किसी पिता की थी सन्तान।
नाता तोड़ मनुजता से क्यों,
समझ लिया तुमने अनजान॥

मातृभूमि की बेटी थी,
पर सोच तुम्हारी थी संकीर्ण।
करने पर यह नीच कृत्य,
हृदय हुआ क्यों नहीं विदीर्ण॥

एक पड़ी थी, चार खड़े थे,
चारों ओर चीख ही चीख।
छलक रहे नयनों से आँसू,
माँग रहे थे मुक्ति-भीख॥

नहीं सुना था तुमने क्रन्दन,
नहीं दिखा था तुमको पाप।
हृदयहीन तुम हुए, तुम्हारा
सूख गया संवेदन ताप॥

निश्चय ही तुम आप जलोगे,
पश्चात्ताप अनल में।
होगा कोई नहीं साथ जब
जलो, अकेले खुद भूतल में॥

हृदयहीन तुम हुए,
साँस को बुझा दिया।
तज अमराई सुधा क्रूर
क्यों कुटिल हलाहल पिया॥

सबके सब तुम हृदयहीन थे,
मरा तुम्हारा पानी था।
ईश्वर कृति को कुचल-कुचल
पैरों तले तुमने रौंदा था॥

मोह प्रेम ने करी खुदकुशी
हत्या हुई मरा सम्मोहन।
आकर्षण ने आग लगा ली,
छल-बल से श्रद्धा का दोहन॥

मानवता तो हुई कलंकित,
शंकित हुई राम की सीता।
तेरा कुत्सित कर्म करेगा,
कैसे अर्थहीन यह गीता॥

सीता तो देवी माता थी,
पर यह अबोधिनी थी बाला।
किसी गले की थी शोभा
यह चढ़ने वाली थी माला॥

भूल भारती का गौरव,
तूने की अपनी गीध दृष्टि।
हाहाकार करेगी जगती
सकल धरा यह, सकल सृष्टि॥

माना यह कानून करेगा,
तुमको कभी देर से दंडित।
कभी न तू सम्मानित होगा,
होगी नहीं दुष्टता मंडित॥

पूरा है विश्वास न्याय में,
पर होगा यह एकाकी।
अक्षत यौवन क्या लौटेगा,
यदि नहीं, रहा फिर क्या बाकी॥

कामान्ध भावनाहीन, स्वैर
क्या मिला कभी मन मीत तुझे।
चीत्कार भयंकर चीखों में,
कब मिला मधुर संगीत तुझे॥

गौरव खोया, गया शील,
बेशर्मी की चादर ओढ़ी।
थूक रहा था वक्त तुम्हीं पर,
मर्यादा तूने तोड़ी॥

दुष्कर्म छिपाने की खातिर,
तू झूठ सैकड़ों खोजेगा।
तेरे सर पर पाप चढ़ा,
जो आगे बढ़ कर बोलेगा॥

पिता कलंकित हुए,
कलंकित जन्मभूमि भी तेरी।
माँ की ममता हुई कलंकित,
आँखें तुमसे सबने फेरीं॥

अच्छा नहीं समझती जगती,
उसको, जो पर धन को हेरे।
यह नर तो है सिद्ध दोष
के अस्मत डाकू और लुटेरे॥

पानी मरा आँख का तेरी,
सोच तिरोहित, तुमसे दूर।
शर्महीन होकर तुम जड़वत्
कुटिल, कलंकी, लम्पट क्रूर॥

कर दे क्षमा भले न्यायालय,
हया करेगी तुमको दंडित।
क्षमा नहीं, अपराध जगत में,
कभी न होगा महिमा मंडित॥

नैतिकता का पाठ सीखने,
आदर्श यहाँ कितने बिखरे।
इन आदर्शों की राह पकड़ लो,
बनो पाठ खुद, जीवन निखरे॥

रामचरितमानस केवल,
काव्य नहीं, आदर्श पाठ।
सीख नहीं पाये, यदि इससे,
मनुज नहीं हो जड़वत् काठ॥

हर पात्र मूल्यों का रक्षक,
हो मनुज निषाद गीध बानर।
प्रकृति, चराचर, भक्त, संत,
पाहन, गिरि, नदी, छोड़ निशाचर॥

श्री राम महानायक थे तो,
लक्ष्मण तेज त्याग की शक्ति।
ब्रह्मचर्य की प्रखर तपस्या,
भ्रातृ प्रेम की अतुलित भक्ति॥

सीता थी सहचरी राम की,
नारी थी, पर नर की खान।
बढ़ने नहीं दिया था उनने,
स्वैरा-सी शूर्पण का मान॥

बढ़ जाता यदि मान स्वैर का,
हया से धरती धँस जाती।
'जगता पुण्य काम ही मरता',
कहाँ कहावत गढ़ पाती॥

कर लेता आदर्श खुदकुशी,
विजय पाप की ही होती।
मजबूरी में मर्यादा ही,
कुत्सा के पद को धोती॥

वृत्तधारी ओ लक्ष्मण तुम,
बने राम के अनुगामी।
अपना स्वत्व राम को सौंपा,
नहीं बने तुम मन के स्वामी॥

जीवन साथी नहीं साथ में,
सेवक बन, वन-वन घूमे।
छोड़ राजसी ठाठ उन्होंने,
फूल छोड़ काँटे चूमे॥

शूर्पण स्वैरा सरस रूप धर,
चली रिझाने राम अनुज को।
करे यत्न नाना विधि उसने,
ला न सकी मंजिल पर उनको॥

मर्यादा थी यही राम की,
यही लेखन का धर्म कर्म।
हुई विजय थी असत् पाप पर,
कलि-काल के लिए मर्म॥

भौतिकता की चकाचौंध में,
धर्म तिरोहित तुझसे है।
काम वृक्ष के पोषण का,
आरोप फलित भी तुझसे है॥

जगो युवा! सीखो अतीत से,
इतिहास तुम्हारा गौरवमय।
वरण करो आदर्श पुरातन,
तजो असत्, कुत्सित रौरवमय॥

प्रस्तुत है यह काव्य प्रेरणा,
करो सार्थक् अपना अतीत।
भरो प्राण, मृत हुई सभ्यता,
करो प्राणमय, तुम अजीत॥

दुख से विह्वल हुईं तुम बेटी,
जो हुआ तुम्हारा दोष नहीं।
संवेदन से है हीन निकृष्ट,
घटना से जिनमें रोष नहीं॥

जीवन पुस्तक लिखी अभी तक,
पूर्ण किये जितने अध्याय।
क्षीण तुम्हारा मान कहाँ है।
है समाज यह क्षीण काय॥

उत्तरदायी नहीं तुम बेटी,
फलित हुआ यह समाज का कोढ़।
भटके राही भेद सकेंगे,
कैसे चक्रव्यूह के मोड़?

हुए तिरोहित नैतिकता से,
दूर मनुजता, मानव-नाते।
तप्त समाज में खौले जन,
जाने क्या गीता की बातें॥

**समाज से—**

ओ समाज के कर्णधार,
तुम भी अब तो आँखें खोलो।
दोषी भौतिक चकाचौंध,
या विलसित आशाएँ कुछ बोलो॥

लगता है, सब एक घाट के,
नहीं चाहते बनना नैतिक।
कहो नहीं 'तुम हो रखवाले'
तुमसे पूर्ण ऋचाएँ वैदिक॥

हो समाज के कर्णधार तो,
तुम्हें बोलना ही होगा।
बेटी होती क्यों कष्ट-विह्वल,
का राज खोलना ही होगा॥

बेटी का यह दोष नहीं था,
अब भी है वह मेरी गीता।
रूप, त्याग, भय, भगा दिया,
उसका अपना साहस जीता॥

यदि नहीं सुधारा अपना समाज,
सँभले नहीं यज्ञ को अश्व।
किसी के रोके रुक न सकेंगे,
होंगे पैदा लव-कुश तपस्व॥

लव–कुश ही फिर आगे होंगे,
बिगड़े घोड़ों को रोकेंगे।
बाग पकड़ उन घोड़ों की,
अपने मन से वह मोड़ेंगे॥

अन्य आश्रयों को फिर खोजो,
छोड़ो समाज, छिपने को बिल।
सचमुच में नैतिकता का,
प्रसरण करो समाज में मिल॥

पोंछो आँसू उस बेटी के,
जिसने इतने आघात सहे।
अन्य न कोई पीड़ित हो,
पाप न फिर संघात सहे॥

प्रश्न नहीं है किसी गाँव का,
किसी बाप की बेटी का।
मान एक सा, खून एक सा,
धनी हो, निर्धन या चेटी का॥

कहते, पीड़ित एक बालिका,
पर यह पीड़ा व्यष्टि नहीं।
प्रसरण शील एक से बढ़ कर,
क्या यह रोग समष्टि नहीं?

आवश्यक है मूल्य जगत में,
कंकरीट की छोड़ो बातें।
महल-दुमहले क्या देंगे,
देंगे बार क्रूर सी घातें॥

भोजन दूषित, यौवन दूषित,
दूषित समाज, यह है यथार्थ।
मुँह चुरा कर इस यथार्थ से,
न्याय नहीं मत गहो स्वार्थ॥

मुद्रा है जीने का साधन,
सुन्दर जीवन पतवार नहीं।
संसार सार है, वेद कहें,
भ्रष्टाचार व्यभिचार नहीं॥

लम्बा वितान लम्बी बातें,
छोटे कपड़े, लम्बी कारें।
जीवन का सौन्दर्य कुचल,
तरुणाई यह किस पे वारें॥

भवसागर पार उतरना है,
तो पूर्ण प्रकाश की ओर बढ़ो।
ऊँची मंजिल तक जाना है,
मूल्य-नीति-सीढ़ियाँ चढ़ो॥

ओ समाज के चिन्तक तुम,
समझा दो तरुणों को एक बार।
भयद कृत्य कर तुम्हीं मरोगे,
एक नहीं फिर हजार बार॥

सृजन और सौन्दर्य रौंद,
तुम करो नहीं यह भयद कृत्य।
जीवन सिन्धु तरण के यत्न,
छीनेगी तुमसे भयद मृत्यु॥

ओ समाज के चिन्तक तुम,
बहलाने का मत पाप करो।
ऐसा फिर परिवेश बना दो,
मानवता में प्राण भरो॥

ओ ! समाज के चिन्तक सुन लो,
मत छोड़ो बीजों का बोना।
बीजों का बोना छोड़ दिया,
फैले स्वैर, शील का रोना॥

रौंदेगा जो तरुणाई को,
रौंदेगा उसको समाज।
ऐसा भय परिवेश बने,
करें राज सतवृत्त आज॥

चिन्तक ऐसी लहर उठा दो,
काँपे जल काँपे गहराई।
भयद कृत्य करने से पहले,
बीस बार सोचे तरुणाई॥

तुम समाज के कर्ता-धर्ता,
है समाज तुमसे ही शोभित।
ऐसा लो संकल्प बन्धु फिर
से मिल जावे मूल्य तिरोहित॥

किंचित् यदि ऐसा हो जाए,
सौभाग्य देश है तेरा।
बने बहादुर, बन कर सपूत,
वक्षस्थल चौड़ा तेरा॥

यह सम्भव उसके पोतों से,
जिसके छाए स्वरनाद अभी।
पल-पल जिसकी बता रहा,
कठिन क्रान्तिमय याद अभी॥

**परिजनों से—**
प्रथमतया परिवार बताएँ,
क्यों दोषयुक्त उद्‌दंड जवानी?
उत्पन्न हुए इसके शिशु की,
तुमने क्या अनुकृति पहचानी?

नहीं, नहीं, यह नहीं सत्य,
शिशु श्वेत हुआ था अनुकृतिहीन।
हाँ, फलित परिजनों की छाया
परिवेश कभी था संस्कृति हीन॥

**धर्म-संस्कृति का समाज से उठ जाना**

धर्म रहित परिवार पला,
पतवार नहीं थी नीतिवान।
कहाँ किनारा पा पाती,
तरण नहीं था अब आसान॥

धर्म आत्मा का भूषण है,
शोभित धर्म सुनीति से।
कब पाते वे धर्म खेलते,
कुत्सित नीति, कुरीति से॥

द्वितीय सर्ग

# धार्मिक संस्कारित शिक्षा का अभाव

धर्म रहित परिवार पला,
पतवार नहीं थी नीतिवान।
कहाँ किनारा पा पाती,
तरण नहीं था अब आसान॥

सन्तति से पाकर त्रास आज,
तुम मलिन विकल हो हारे से।
पूछो बेटी से करती विलाप,
जीती वह भाग्य सहारे से॥

बेटी के सुकृत्य शील सत्,
पुरजन, परिजन सभी जानते।
कुछ बड़बोले मिथ्या कहते,
उनके वे दुर्वचन सालते॥

धर्म रहित मानव होता ज्यों,
नाव बिना पतवार के।
सत्य धर्म है वही, चले,
जो बिना द्वेष व्यवहार के॥

अन्तःप्रकृति धर्म है सब में,
कण कण का ध्रुव सत्य है।
सत्य और उन्मुख होना ही,
श्रेष्ठ धर्म का लक्ष्य है॥

धर्मवृक्ष को वीर सींचते,
अपनी शोणित धार से।
धर्म तुला पर नहीं तौलते,
मम को, निस्व विचार से॥

मार्ग एक होता वीरों का,
धर्म पंथ भी एक है।
सुरपुर से भी बढ़ कर,
उनकी मूल प्रवृत्ति विशेष है॥

स्वास मृत्यु से भी बद्तर,
यदि जीना पड़े कलंक में।
सिद्धान्त मार्ग से विचलित होना,
गिरना दुर्दम पंक में॥

परमार्थ हेतु बलि देना बढ़ कर,
धिक् धिक् उच्चार से।
स्वार्थ-शिला को वीर काटते,
परमार्थ धर्म तलवार से॥

रक्त बिन्दु आधार शिला,
वीरों की सुन्दर साधना।
प्राण मात्र का मोह त्याग,
परिमल बहती आराधना॥

बढ़ जाता है मूल्य स्वर्ण का,
तप तप जलकर ज्वाल में।
आत्म परीक्षा होती है,
वीरों की संकट काल में॥

हो अतुल, असीम शक्ति से पूरित,
धर्म पंथ का श्रेय है।
चाहे मिले शूल पथ उसको,
दृढ़ रहना ही ध्येय है॥

करे सन्धि जो बाधाओं से,
कायर कुत्सित हेय है।
झोली उसकी जग में भरती,
शत शत निन्दित, हेय है॥

पुंसत्व हीन सपनों में खोते,
होता कोई सिद्धान्त नहीं।
बार बार जग में मरते हैं,
चाहे हो प्राणान्त नहीं॥

घटना पात्र युवक भी ऐसे,
स्वत्व मात्र के मोह ग्रसित वे।
अन्धा लगा धर्म उनको था,
काम लालसा वशीभूत वे॥

ओ परिजन! छोड़ो सुख सम्भ्रम,
धर्म नीति की राह गहो तुम।
दुख भी वस्त्राभरण धर्म का,
इसे धैर्य धर सहलो तुम॥

ऐसी यह सन्तान तुम्हारी,
बल विवेक सब खो बैठी।
कर्महीन अभिनय खेलें यह,
मानवता सारी रो बैठी॥

काम नहीं कुछ कापुरुषों का,
कर्म क्षेत्र संसार में।
मरता वीर एक ही क्षण में,
कायर बार हजार में॥

सन्तति से पाकर त्रास आज,
तुम मलिन विकल हो हारे से।
पूछो बेटी से करती विलाप,
जीती वह भाग्य सहारे से॥

बेटी का सुकृत्य शील सत्,
पुरजन परिजन सभी जानते।
कुछ बड़बोले मिथ्या कहते,
उनके वे दुर्वचन सालते॥

समाचार पत्रक में जो भी,
लिखा, सभी स्मरण है।
बाला थी सतयुगी सुनी,
अब जीवन मुझे मरण है॥

निर्मल श्वेत आँचलों पर,
भी कीचड़ कोई उछाले।
उन सोचें विष बुझी जिह्वा से,
वृथा हृदय को घाले॥

सुन, पढ़ ऐसी पाप कथा,
गृह उसके गमन किया था मैंने।
जो भी वृन्द वहाँ आए थे,
विष वमन किया था सबने॥

पावन पयसी बेटी थीं तुम।
कुग्रहवश पाप लगा है,
पूर्व जन्म का पुनर्जन्म में,
सोया श्राप जगा है॥

सब विधि पावे आमोद यहाँ
के परिजन, पुर के बासी।
सभी जनों में लगती हो तुम,
प्यार पुंज सुख राशी॥

आया कलयुग उसी समय,
अपना झंडा फहराने।
आगत कैसे परिणाम बना,
हम सब यह भी जाने॥

व्यथा घुसी है जो अन्तस में,
नहीं निकलती उर से।
कलियुग का दुर्दम काल,
हाय होगा प्रारम्भ तुम्हीं से॥

आता है यह याद लगा था,
ग्राम पास ही मेला।
मचल उठी थीं तुम जाने को,
सखियों संग यौवन खेला॥

सत्य एक दिन मुखरित होगा,
कब तक छिपा रहेगा।
बादल होंगे साफ, सूर्य भी,
अपना विकसित रूप धरेगा॥

दोष बिचारी बेटी का क्या?
आयु भी अपना काम करेगी।
धीरे-धीरे सब बढ़ते हैं,
कुसुमित कलिका नहीं फलेगी॥

रोम-रोम पुलकित सबका था,
सुनते थे बेटी की वाणी।
सबने उँगली मुँह में रख ली,
आज सुनी शापित कल्याणी॥

ग्राम देवता के प्रांगन में,
घर से हरण हुआ था।
वहाँ सभी ने सुना, सभी
का घायल हृदय हुआ था॥

घर-घर बन-बन बेटी खोजी,
पूछा था द्रुम दल-दल से।
कहाँ गई, कब कैसे निकली,
पूछ रहे थे पल-पल से॥

प्रलय काल से लड़-लड़
उसने घोर विपत्ति सही थी।
बेटी की आँखों से उस दिन,
तटिनी वत् धार बही थी॥

कहाँ एक, वे चार खड़े थे,
पर अबला थी मन से सबला॥
भारी द्वन्द्व किया था उसने,
रंगभूमि में हारी अमला॥

बोली थी ओ सुनो कायरो,
छल बल की तुम हाला में।
पाप ढूँढ़ने तुम निकले क्यों,
सुधा धवल सी बाला में॥

पास तुम्हारे चाकू है यह,
घोपो मुझमें, कारण मिट जाए।
मोहान्ध पाप की हाला से,
सुधांशु शान्ति यह मिट जाए॥

तेरी लंका है सोने की,
तू पापी दशकंधर है।
मैं तो माटी की सीता हूँ,
अमृत घट मेरे अन्दर है॥

विष घट को तू शीघ्र तोड़,
मुक्ति मुझे भी मिल जाए।
नर पिशाच का पंजा भी,
खूनी काया से सन जाए॥

"विकट असीम व्योम सा वारिध,
सेतु नहीं बन पाएगा।
नभ की पाओ का यह उभार,
कण कण धरती का गाएगा॥

उद्दंड जवानी चार चार
एक वलिका शान्ति विमल।
सहर्ष करूँगी वरण मृत्यु का,
मेरे मन में प्रवल अनल''॥

भय से कातर नहीं हुई वह,
तप्त ज्वाल को पाकर भी।
विवश पाप से फँसी रही,
द्वन्द्व युद्ध कर, लड़कर भी॥

बोली मोह भावना के वश,
अपयश क्यों लूँ हा हा।
धर्म पन्थ पर अविरल चल,
मैं कर दूँगी सब कुछ स्वा हा॥

तन में अघ का पंक लगा,
उद्दंड जवानी चली गई।
चन्दन वृक्ष समान वारि सी,
विमल जवानी छली गई॥

जीवन लघु यौवन क्षण भोगी,
सम्पत्ति सभी क्षण भंगुर है।
रंचक अथ औ विमल कीर्ति
युग युग तक अविनिश्वर है॥

बोली बाला "तुम भावुक क्यों ?
कर्तव्य भावना से ऊँचा।
धर्म कर्म पथ पर तो देखो,
सत्य कल्पना से ऊँचा॥

पूरी करनी हमें रेख,
विधि ने जो स्वयं रची है।
होगा पाप ताप में क्षय,
आत्मा यदि स्वयं शची है॥

परिवार प्रमुख तुम देखो निज घर,
रोग कहीं तो नहीं घुसा।
पहुआ हवा भयंकर है, फिर,
पश्चिम ने तो नहीं डसा॥

खान-पान है शान तुम्हारी,
पश्चिम का उससे छौंक लगा।
मर्यादा कर रही खुदकुशी,
अनुशासन पद तल जोंक लगा॥

यदि तुम सोते रहे निरन्तर,
रोग विनिश्चित फैले अपसंस्कृत।
नर्क बनेगा स्वर्ग तुम्हारा,
कैसे रोक सकोगे विकृत॥

छली आवरण ऊपर, भीतर,
सिर चढ़ा हुआ ऊँचा गुरूर।
मेहनत कुचल रहे, रौंदेगा,
कालचक्र तुमको जरूर॥

कहता है यह कौन गहो मत,
तुम इतनी ऊँचाई।
पर इस भू पर बनी रहे,
तेरी अपनी परछाई॥

सब कुछ याद करो, जानो,
पर अपना भारत मत भूलो।
गौरवशाली अपना अतीत,
करो अनुसरण नभ छूलो॥

बच्चों से तुम यही कहो,
जो अपना है वह असली है।
गैर देश की भाषा लिबास,
रंग ढंग सब नकली है॥

भारत पर तुम गर्व करो,
जो यहाँ नहीं वह कहीं नहीं।
वीर प्रसविनी इस धरती की,
जग में तुलना कहीं नहीं॥

देश विश्व तो बहुत बड़ा है,
पर इसकी परिवार इकाई।
राई ढेर यदि सकल विश्व,
परिवार बनेगा दाना राई॥

सकल देश यदि सुन्दर चाहो,
सुन्दर तुम परिवार करो।
सुन्दर चित्र बनाने को,
तुम यत्न करो तुम यत्न करो॥

धन कम होगा, दोष घटेंगे,
यदि होगा वैदिक परिवार।
राष्ट्र भक्त जब पैदा होंगे,
नहीं फलेगा तब व्यभिचार॥

चाहे स्वप्न ढहे मेरा,
चाहे दीप बुझे मेरा।
ओ राष्ट्र तभी मैं धन्य धन्य,
जब अमर दीप दीपित तेरा॥

हर परिवार बनेगा सुन्दर,
सुन्दर होगा स्वयं समाज।
कुछ भी ऐसा घटित न होगा,
जितना बुरा हो रहा आज॥

विपदा सूत्र नहीं कायर का,
वीरों का भूषण भव में।
कब करती निष्पन्द, प्रेरणा,
सदा भरे मानव में॥

प्रशमित कर पुरुषार्थ किया,
नत शीश विघ्न से जिसने।
हार मान संघर्षों से,
कब पाया है क्या किसने॥

शिक्षा देने वाली होती,
वीर पुरुष को विपदाहीं।
करती है मनुजत्व पूर्ण,
बन प्रेरक तत्व सदा ही॥

गुरु वशिष्ठ, गुरु रामदास,
गुरुगोविन्द सिंह से बलिदानी।
फाँसी पर चढ़ते भगत सिंह,
गांधी सुभाष से लासानी॥

यह देश तुम्हारा ऐसा है,
प्रतिमा गुरु से हुए धनुर्धर।
नरेन्द्र विवेकानन्द बने,
हुए यहाँ सतियों के जौहर॥

ऐसा गढ़ दो सन्तानों को,
कुम्भकार ज्यों दीप गढ़े।
ऐसी भर दो एक हूक,
जिस हित राणा अश्व चढ़े॥

बलात्कार की जगह छपेंगे,
राष्ट्रभक्ति के समाचार।
यदि सन्तान हमारी है,
फिर हम ही होंगे कसूरवार॥

किसी ने कहा है गुरुर ब्रह्मा,
गुरुर विष्णु गुरुर देवो महेश्वरः।
गुरु साक्षात् पर ब्रह्म तस्मै श्रीगुरुवे नमः
अखंड मंडला कारं व्याप्तंयेन चराचरः,
तद् पदं दर्शितं येन तस्मै श्रीगुरुवे नमः॥

कुछ सदियों से नहीं, है महती
गुरु आदि काल से मंडित है।
ईश्वर पूजा बिना गुरु के,
स्वीकार नहीं विधि खंडित है॥

यदि ईश्वर का आराधना करना,
पहले गुरु को ही जानो।
बिना गुरु के ज्ञान नहीं,
कहाँ प्रकाश, अँधियारा मानो॥

जितनी बड़ी गुरु की महिमा,
बड़ी ही जिम्मेवारी है।
प्रकाश पुंज, नहीं नर लोथड़,
रोम रोम चिनगारी है॥

गुरु से पूछाँ आज कहो तुम,
देश भाग्य क्यों रूठा है।
देव तुम्हारे आँगन में भी,
क्यों आज अँधेरा फूटा है।

कर्तव्य तुम्हारा बाट जोहता,
वह हार लिए निज कर में।
सत्वर जाओ वरणा करेगा,
घर में जग में और डगर में॥

कर्तव्य एक हीरा जिससे,
पाषाण खंड कट जाता है।
कर्म शिखा से दीपित हो,
हर प्राण ज्योति बन जाता है॥

एक वेदना वह भी उर में,
यही है केवल, मुझको।
गढ़ा हुआ तव दीप साँप,
आज डस रहा किसको॥

जो युग माँगे वह तुम दे दो,
बने तुम्हारा यह सिद्धान्त।
अर्चन विफल नहीं हो पाए,
चाहे हो जाए प्राणान्त॥

ज्ञान माँगते आज युवा,
दे दो तुम उनको जीवन सीख।
संवेदन का संसार न मेंटें।
चले उसी पर जो कुल लोक॥

दुर्बुद्ध ध्वंस में विरत आज,
दुर्गति है उनकी मति की।
काम, रक्त की प्यासी है,
धार, क्रूर की असि की॥

मानव से दानव बना और,
फँस गया स्वार्थ दल दल में।
महा नाश का बीज बो रहे,
दुष्ट हाय भुतल में॥

पुण्य आज रो रहा किन्तु,
यह पाप आज क्यों हँसता।
धर्म नीति ढह गई किन्तु,
यह रौरव गृह क्यों बसता॥

काटे कीट वस्त्र को जैसे,
लोभ काटता मन को।
पशुता पाता दानव जैसे,
लोभी पाता धन को।

विश्वास कर्म झुक गया आज,
क्यों धन वैभव के आगे।
अनाचार अविचार हाय अब,
विष घर बन कर जागे॥

वेश बदल दो सोच बदल दो,
अनाचार निर्वासित कर दो।
धर्म निति ध्वज फिर फहराओ,
विश्वास कर्म विस्थापित कर दो॥

तृतीय सर्ग

# दोषपूर्ण शिक्षा, शिक्षा का कुप्रबन्ध

ऐसा गढ़ दो सन्तानों को,
कुम्भकार ज्यों दीप गढ़े।
ऐसी भर दो एक हूक,
जिस हित राणा अश्व चढ़े॥

अब मदिरालय विकसित होते,
शिक्षालय शिक्षकों से खाली।
दिन भर घमा चौकड़ी करते,
साथ साथ में सीखे गाली॥

जब भी पछुआ हवा चले,
जी घबड़ाता लगता डर।
कहीं न वह सब उड़ आए,
जिसने मेरा निगला घर॥

गणित पढ़ें, विज्ञान पढ़ें, जी,
चाहे संस्कृत इतिहास,
ऋषियों गांधी को नहीं पढ़ा,
कैसे होगा नैतिक विकास॥

सृजन तत्त्व आलोप हुआ,
इस जेब का पैसा और जेब में।
तिकड़म में सब युवा फँसे,
छल से जिंदा, जीवे फरेब में॥

अब मदिरालय तो विकसित होते,
शिक्षालय शिक्षकों से खाली।
दिन भर धमा चौकड़ी करते,
साथ साथ में सीखें गाली।

अनुशासन जंगल चला गया,
भाग गया शिक्षक का अंकुश।
कोई किसी की नहीं सुने,
सीखने वाला हुआ निरंकुश॥

जब भी पछुआ हवा चले,
जी घबड़ाता लगता डर।
कहीं न वह सब उड़ आए,
जिसने मेरा निगला घर॥

चले प्रशिक्षण, चले प्रयोग,
कम्प्यूटर के साथ शोध।
पश्चिम को जब पढ़ा नहीं,
कहते क्यों हो पुनर्बोध॥

बहुत बड़ा शिक्षा में छल है,
घिसट रहा गुरबा गरीब।
काम दाम सब उसका छूटा,
फिर भी शिक्षा नहीं करीब॥

ओ शिक्षा के कर्णधार तुम,
सुनो बहुत अब खेल हुआ।
अपना तो सब कुछ चला गया,
जब पूरब पश्चिम का मेल हुआ॥

इधर रहे न उधर रहे,
कहाँ रहे यह पता नहीं।
पत्थर फेंके बस रेलों पर,
अभिभावक कहते खता नहीं॥

सर सब्ज हुए सब सिने रेस्त्राँ,
उसी हाल में निर्धन काका।
कहते हैं वह 'बच्चा पढ़ता',
जेब कतरवा डाले डाका॥

कहते हैं 'पब्लिक स्कूल'
कंडे भूसा औ बँधी भैंस।
दूर दूर तक नहीं है शिक्षा,
मिल जाता आसान कैश॥

शिक्षा रोती, जीवन खोती,
राधा को मिलते डेड़ हजार।
खाली पेट चली थी घर से,
चक्कर खाती बार बार॥

केवल शिक्षा यहाँ नहीं है,
है रबर पेन्सिल कॉपी किताब।
जो दाम चौगुने पर देते,
लेना यहीं से किसी भाव॥

एक बार रामू के पिता,
गए बाजार ले आए कॉपी।
बच्चा कॉपी ले स्कूल गया,
बिगड़े शिक्षक माँगो माफी॥

टीचर मैनेजर में दुरभि सन्धि,
मैनेजर कहे वह टीचर माने।
मानी बात नहीं यदि उसने,
गई नौकरी टीचर जाने॥

बोले शिक्षक सुन ले बच्चे,
कहो बाप से बाजार न जावे।
कॉपी किताब के चक्कर में,
मोटर ठेले से दब जावे॥

थोड़े पैसों की बचत के खातिर,
हो जाएगा तू पितृहीन।
घर होगा बरबाद तुम्हारा,
बिकेंगे बर्तन, बिकेगी जमीन॥

बच्चा शिक्षक की बात मानता,
गलत सही का क्या मतलब।
पिताजी तुम बाजार न जाना,
स्कूल में ही मिलती कॉपी किताब॥

बच्चा स्कूल से घर लौटा,
कैट रैट परिजन सुनते।
स्कूल बड़ा ही अच्छा है वह,
जीवन के सपने बुनते॥

कुछ वर्षों की बात और है,
शिक्षा पूरी करेगा बेटा।
कष्ट तिरोहित घर भी शोभित,
कुल में नाम करेगा बेटा॥

सपना बुनते समय गया सब,
टेढ़ी कमर हाथ में लाठी।
बेटे की कोई खता नहीं,
सरकार बुरी है किस्मत हेठी॥

नहीं जानता वह बेचारा,
उसके संग क्या क्या छल है।
समझ रहा था जिसको सम्बल,
यह सम्बल कुटिल हलाहल है॥

सम्भ्रम में है वही नहीं,
सम्भ्रम में सरकार आज।
कर रही परिवेश स्कूल समझ,
उस बोरे में सड़ा अनाज॥

फलित अन्त में अभिभावक है,
गिरा गर्त में गिरा कूप में।
डाँट डपट तो सरकारी है,
भोगेगा वही भाग्य रूप में॥

जीवन बन्धन तुम्हें नहीं हो,
बन्धन है माँ का अंचल।
प्रतिपल तत्पर सदा रहो,
रखने को उसको निर्मल॥

फिर भी डाले दाग, पंक के,
बैरी यदि निज कर से।
शीश चढ़ा तुम धो डालो,
अपने रंग रुधिर से॥

आती है आवाज एक, मेरे,
हिय के अन्दर से।
सुन सकता मैं केवल,
है वह धीमे स्वर से॥

नहीं झुके यह भाल, काल,
दाहक तेज अनल हो।
नहीं हटो तुम पीने से,
कितना ही कुटिल गरल हो॥

देह भग्न हो, रक्त मग्न हो,
या फिर काल खड़ा हो।
मात्र भूमि की रक्षा में,
अब यह हृदय कड़ा हो॥

चन्द्र हास आघात नहीं कर्कश,
होता है उतना।
कुटिल, कलंकी जीवन कर्कश,
होता है जितना॥

तन जितना आजाद हुआ,
मन भी आजाद बनेगा।
बिना नियंत्रण बुद्धिहीन,
को गौरव नर्क रहेगा॥

पानी के बुलबुले सहस्त्र,
जीवन उनका होता है।
बन वे भू पर भार, भुवन,
भर सिसक सिसक रोता है।

जीवन मूल्य नहीं कुछ उनका,
धन के हों आगार भले।
किलबिल किलबिल नाली कीड़े,
व्यर्थ बढ़े वह व्यर्थ पले॥

जब बनता आवास हृदय,
पतनोन्मुखी कायरता का।
देश द्रोह के सिवा और,
कुछ कर सकता ही क्या॥

मुझको है विश्वास कर्म में,
अतुल शक्ति होती है।
अन्त समय तक सफल श्री,
पद कर्मठ के धोती है॥

जीवन का मूल्यांकन करना,
कुल सपूत ही जाने।
कुल कपूत कायर नर बस,
सुख भोग सार ही माने॥

भरत भूमि भारत का गौरव,
वीर स्थली साँगा की।
कण कण से है सुनी कहानी,
शूर वीर रण बाँका की॥

खिंची हुई सीमा जिसकी,
वीरों की शोणित धारा से।
थार देश, यह वीर देश,
फिर मुक्त हुआ अरि कारा से॥

जाने कितने बलिदान छिपे,
इस थार देश की माँगी में।
वीर वरों की यश गाथा तो,
लिखी हुई नम पाटी में॥

कीर्ति ध्वजा बलवानों,
की नभ में निर्भय फहराती।
रणवीर धीर की तलवारें,
अरिदल के दिल दहलातीं॥

संकट में भी सीखो बढ़ना,
जय मात्र भूमि के नारों से।
जब भी अरि का रव रोष सुनो,
तब क्रीड़ा हो तलवारों से॥

जब भी बेटी की चीख सुनो,
या फिर चले रक्त होली।
अविराम बढ़ो तुम उसी ओर,
हुंकारों ध्वनित करो बोली॥

नभ की पाटी की वीर कथा,
तुम सब युवकों का सम्बल हो।
दुःशासन का उत्पात सुनो,
लाज बचाना, क्रोध प्रबल हो॥

जीवन व्यर्थ, अर्थ यदि,
उसका कभी नहीं कुछ होता है।
श्वासें हैं पर मुर्दा सम,
वह तन अपने को ढोता है॥

बहना बेटी के आँचल पर,
खून पड़े यदि घातों का।
खून बहा दो वीरो अपना,
काम नहीं कुछ बातों का॥

उबला नहीं अन्यायों पर,
तो उसके तन में रक्त नहीं।
वंद्य माँ, बलिदानों से यदि,
माटी उसकी सिक्त नहीं॥

कायरता है प्राण मोह,
इससे सतपथ रुक जाता है।
कर्महीन कापुरुषों का,
जीवन विषमय हो जाता है॥

मातृभूमि का ऋण लेकर,
जो सोता सौख्य सदन में।
कृतघ्न होगा कौन और,
उससे भी, निखिल भुवन में॥

मरना है अपराध नहीं,
अपराध पलायन करना।
कर्म क्षेत्र में मृत्यु वीर गति,
कायरता है हटना॥

बन कलंकी सोना है,
बोझ लाद कर सोना।
कलंक लाद भोजन करना,
बल विवेक सब खोना॥

दुख भी वस्त्रावरण धर्म का,
इसे धैर्य धर तुम सह लो।
स्वर्णिम सा तेरा अतीत,
फिर वर्तमान में क्यों विचलो॥

मृत्यु एक सुख कर निद्रा,
होता इसमें आतंक नहीं।
डरते वही, देश हित मरने,
में है जिन्हें उमंग नहीं॥

विचलित हो पथ च्युत हो जाए,
बन अधीर आघातों से।
मनुज नहीं वह कायर है,
जो डरता झंझावातों से॥

लेना व्यर्थ जन्म उसका,
स्वार्थ लिप्त जो रहता है।
उन्मुक्त वायु परमार्थ कार्य,
से सदा जो बचता रहता है॥

देह मग्न भय से ही सोना,
कभी नहीं यदि जलता है।
मूल्य बढ़ा उसका कब जन-जन,
कुन्दन उसको कहता है॥

जंग लगे जीवन में इससे,
अच्छा घिस घिस मिट जाना।
सहज रूप से श्रेयस्कर है,
कर्तव्य मार्ग पर मर जाना॥

चतुर्थ सर्ग

# ऐतिहासिक-पौराणिक आख्यान का प्रेरणादायी सन्दर्भ

अभी अभी क्यों आई थी,
तुम दिव्य मधुर मुसकान लिये।
नत नयन किए क्यों लौटी हो,
निज सपनों का अपमान किये॥

सुधा कलश के अन्तस,
में भी, सुरा घुली घी मतवाली।
तेरे तन के स्वर्ण प्रात में,
निशा छिपी काली काली॥

पतिता शुचिता के आँगन,
में विश्राम नहीं क्यों ले पाई।
अलका के बाजारों में भी,
जीत सकी न तरुणाई॥

यह काव्य नहीं, आदर्श तुम्हारा
इसे शीष धर, बढ़े चलो।
कर नमन पुरातन भरत भूमि,
आदर्श खोजने चले चलो॥

यह सुन्दरता भी टिकी कहाँ,
अतुलित ऐसी थी भ्रातृ भक्ति।
लोक सुखों से विरत, धन्य,
थी ब्रह्मचर्य की प्रखर शक्ति॥

तुम कौन! कौन! अवसाद लिये,
आँखों में छाई ज्योति मलिन।
संताप पूर्ण भू-लुंठित हो,
ले कर हिरनी सी तड़पन॥

तुम मलिन, मलिन दृग वारि लिये,
खोकर आई क्यों रूप राशि।
अपने अंतस में दाह लिये,
मुख पर फैली क्यों केश राशि॥

अभी-अभी क्यों आई थीं,
तुम दिव्य मधुर मुसकान लिये।
नत नयन किये क्यों लौटी हो,
निज सपनों का अपमान किये॥

अधरों पर मीठा हास लिये,
थीं अन्धकार में सविता सी।
भू के दर्पण में लगती क्यों,
अब लुटी-लुटी चिर पतिता सी॥

अरे! अरे! इस केश राशि में,
छिपी रक्त की धारा क्यों?
शोणित रंग तूलिका में ले,
मुख पर चित्र निखारा क्यों?

पतिता शुचिता के आँगन में,
विश्राम नहीं क्यों ले पाई?
अलका के बाजारों में भी,
जीत सकी न तरुणाई॥

जब कर्ण नासिका दान किये,
फिर चीख–चीख कर क्यों रोती।
तुम विकल विफल हो, हारी सीं,
निज वसन रक्त से क्यों धोतीं?

यह मुँदे नयन अवरुद्ध कंठ,
मुख पट पर खिंचती क्षीण रेख,
जगती का कैसा? अट्टहास,
वह हँसी तुम्हारा रुदन देख॥

अब तक जो छाया अन्धकार,
सूरज था जग का बुझा–बुझा।
वह हँसा तुम्हारी दशा देख,
फिर तिमिर हटा, आलोक जगा॥

बिजली चमकी फिर कान्ति जगी,
हट गई गगन घनघोर घटा।
सप्त रंगों का घट उड़ेल,
फिर ये फैली मनुहार छटा॥

आमों के घने निकुंजों में,
रूठी कोयल फिर बोल उठी।
अपने स्वर की कू-कू में,
मीठा-मीठा रस घोल उठी॥

मूक बने अब तक जो बैठे,
सबके सब पक्षी चहक उठे।
जो फूल हुए थे गंधहीन,
सारे के सारे महक उठे॥

तेरे संयम का पतन देख,
कलियों ने क्या सोचा मन में।
कुछ देख विचारी झिझक उठी,
निज लाज छिपा अवगुंठन में॥

यह देख तुम्हारी दशाहीन,
खिल गये चमन के फूल-फूल
संयम की शुचि सी गाथा को
गा उठे पवन में झूल-झूल

शोकाकुल प्राणी थिरक उठे,
पा विजयश्री, तुम दुष्टा से।
मंगल ध्वनि चहुँ दिशि गूँज उठी,
दीप जले फिर तुष्टा के॥

कहो-कहो क्यों नहीं बोलती,
नहीं खोलती बानी को।
तुम परवशता की आह लिये,
फिर कह दो क्रूर कहानी को॥

तेरी आशा क्यों मिटी,
कहूँगा, अँधेरा से प्रतिबन्ध हटा।
तेरा रोख दुख गाऊँगा,
अपनी वीणा के तार सजा॥

तुम चंचल थीं, वे निश्चल थे,
मैं आज कहूँगा बार-बार।
उपवन की मादक भ्रमरी बन,
तुम चलीं जीतने सदाचार॥

क्षण बीत गये, तुम बीत गईं,
पर नहीं मिटी काली स्याही।
ब्रह्मचर्य के प्रखर तेज से,
हारी थी जो तरुणाई॥

दंडक वन में पंचवटी सा,
सुखद, सुथल था, अति सुन्दर।
शान्ति मनोरम सुरपुर सदृश,
फैली थी जहाँ ज्योति मधुर॥

फेन तरंगित गोदावरि,
तटिनी तरुणी सी बहती थी।
अपने यौवन की गाथा को,
वह शान्ति भाव से कहती थी॥

तटिनी का पावन जल पी-पी,
खग मृग आमोद मनाते थे।
प्रकृति अंक में पालित हो,
जीवन का राग सुनाते थे॥

ऋषियों की पावन कर्मभूमि,
यह तपोभूमि थी मनभावन।
चूड़ांत-कुटिल तज राजनीति,
वे करते थे जीवन-यापन॥

छूटा मनोरम थी फैली,
वहाँ हरे भरे उद्यानों से।
तिमिर पलायन करता था,
उन स्वर्णिम पुण्य विहानों से॥

मलयानिल चल सुरभित बहता था,
झूम रही डाली-डाली।
जब थाल सजा ऊषा आती,
जाती भाग निशा काली॥

घने घने तरु पल्लव में,
कलरव कूजित थी द्विज बोली।
कली कली पर झूम-झूम
गाती गीत मधुप टोली॥

सुधा धवल पाषाणों के
भूधर निश्चल थे गर्वित हो।
अपने मस्तक को उठा रहे,
वे अभयदान से पूरित हो॥

झर-झर-झर झरने झरते,
वे नूतन छंद बनाते थे।
पथ हारे विश्रांत विकल को,
शीतल वारि पिलाते थे॥

शरणागत जीवन पाते थे,
इस करुणा निधि का द्वार देख।
पथ हारा, प्यासा, प्राण विकल,
रुक जाय सुधा की धार देख॥

यही यहीं इस पंचवटी में,
धधकी थी विप्लव ज्वाला।
खल-दल ने अपने छ्ल बल से।
घोली थी मादक हाला॥

यही यही वह पर्ण कुटी है,
बसे राम घट-घट वासी।
धर्म नीति के ज्ञाता थे।
दूषित दूषण कल्मश नाशी॥

प्रबल प्रणेता रघुवर के संग,
सती साध्वी सीता थी।
करुणा कल्याणी कंत सेविका,
सीता परम पुनीता थी॥

दंडक वन की पंचवटी में,
रघुवर ने जब से किया वास।
सुखी हुए मुनि मृग पक्षी सब,
बीत गया तम दैन्य-त्रास॥

रामानुज, निर्मल लक्ष्मण जी,
जो यतीव्रती तेजो धारी।
प्रबल पराक्रम पुण्य प्रेमवत्,
धीर वीरअति बल धारी॥

ब्रह्मचर्य के पालक थे,
था दिव्य तेजवत् चन्द्रानन।
संयम शुचि सत्वर दिनकर की,
किरणें करती थीं जग पावन॥

त्यागमयी, ममता प्रतिमा,
उर्मिला शक्ति की गीता थी।
मृदुल हृदया सौम्य सरल,
द्युति दामिनि सी परिणीता थी॥

यह सुन्दरता भी टिकी कहाँ,
अतुलित ऐसी थी मातृ-भक्ति।
लोक सुखों से विरत, धन्य,
थी ब्रह्मचर्य की प्रखर शक्ति॥

निर्मल भावों की गंगा में,
आँखें उज्ज्वल अति धुली धुली।
दंतों की पंगति विमल धवल, थी
रजत प्रात में ढली-ढली॥

गोदावरी के निर्जन तट पर,
था बकुल-वृक्ष छायाकारी।
लुटा रहा अनुराग अलौकिक,
वायु दे रहा श्रम हारी॥

जले-जले से स्वप्न लिये,
उर तड़प लिये कुछ बुझे-बुझे।
प्राची से पश्चिम चले गये,
अब भुवन भाष्कर थके-थके॥

दिवसावसान भी था समीप,
नभ स्याह घटा छाने वाली।
स्वर्ण तार सी मंडित किरणें,
क्षितिज पार जाने वालीं॥

तारों को दे मौन निमंत्रण,
सान्ध्य सुन्दरी सजी-सजी।
रँगा-रँगा तन ओढ़े आँचल,
आज चली थी लजी-लजी॥

वसुधातन था जो तपा तपा,
हो गया सुखद गीला गीला।
अम्बर का उज्ज्वल नवल धवल,
परिधान हुआ नीला-नीला॥

शोक -संकुलित पुष्प विटप दल,
विहँसि उठे पा शीतलता।
कली-कली में तरुणाई,
थी लता-लता में चंचलता॥

रोम-रोम था सिहर उठा,
सुख की स्मित थी पल पल में।
सान्ध्य छटा अति सुन्दर थी,
सुन्दरता थी, द्रुम दल-दल में॥

हरी दूर्वा चादर से,
तरु तल वसुधा थी ढकी हुई।
हरी घास के मखमल पर,
तृण शैया सुन्दर बिछी हुई॥

अभिनव तरु कोमल शैया पर,
श्रीराम भूमिजा बैठी थीं।
अधर, नयन की प्यास बुझा,
मनहर सपना ले बैठी थीं॥

उल्लास स्फुरित स्रोतों से,
जीवन रस को वे बहा-बहा।
सुधा कलश को सजा सजा,
कटु गरल पात्र को ढहा-ढहा॥

वे अधर हास्य अनुरंजित कर,
कल्पना लोक में विचर रहे।
मनहर बन, उपवन लता-लता,
स्वर्णिम वेला को निरख रहे॥

मन में अगणित साध लिये,
शुचि सुधा पिये, मनुहार लिये।
मृदुल स्वरों के तार सजा,
मीठी साँसों का ज्वार लिये॥

स्मृति पट पर चित्र खींच,
निज अतीत की रातों का।
कल्पना सिन्धु में यान डाल,
कुछ उलझी–उलझी बातों का॥

इस पर्ण कुटी में भूल गये,
सुख सम्भ्रम राज प्रासादों को
कूजित कलरव सुन विहंगों का
वे भूले तूर्य निनादों को।

राज स्नुषा सीता भी,
जो मृदु तन, कोमल, किसलय सी।
इस कानन के उपहार निरख,
वे हर्षित थीं, अति विस्मय सी॥

उन्मुक्त वायु तरु पल्लव को,
छू–छू कर वे पहचान गईं।
शुक पिक की सुन्दर तानें सुन,
कानन सुर पुर थी मान गई॥

कानन के पावस आँगन में,
वे झोली ले अरमानों की।
रघुवर से हिस्सा माँग रहीं,
वे दिव्य मधुर मुसकानों की॥

तनिक दूर ही कुटिया के,
शिंशुपा वृक्ष था सुखकारी।
जहाँ खड़े थे लक्ष्मण जी,
धनु-वाण लिये हर्षित भारी॥

दूर क्षितिज पर दृष्टि गड़ा,
वे मुग्ध-मुग्ध कुछ खोये से।
जाने किसको थे देख रहे,
नयनों में चित्र सँजोये से॥

चेतनता अपनी भूल गये,
कल्पना मूल्य वे चुका-चुका।
दृष्टि रेख को खींच-खींच
प्यासी पलकों को झुका-झुका॥

जाने किसकी याद परिधि में,
सुधि कर रहे पल-पल से।
जाने क्या-क्या थे सोच रहे,
नयनों को भर निज करतल से॥

शायद उर्मिल को स्मित सुधि,
लक्ष्मण नयनों में घूम गई।
रूप परिधि में घूम घूम,
लावण्य शिखा को चूम गई॥

नवल प्रीति परिप्लावित हो,
मीठा-मीठा रस घोल गई।
उलझे धागों को खींच-खींच,
फिर हृदय ग्रन्थि को खोल गई॥

वनिता की ममता हृदय समझ,
ली, दूर क्षितिज से दृष्टि हटा।
निर्मल भावों की गंगा से,
धुल गई हृदय की श्याम घटा।

कर-कर यादों का सुधापान,
वह कल्पतार अब टूट गया।
हिम सी शीतल पवि पृथ्वी पर,
अब गरल पात्र था फूट गया॥

लक्ष्मण जी सहसा चौंक उठे,
ज्योंही पदचाप सुनाई दी।
रोम-रोम था जाग उठा,
ज्योंही वह थाप सुनाई दी॥

भीनी सुगंध थी फैल रही,
कम्पन था रज के कण-कण में।
पायल से उन्मद फूटे स्वर,
थे निकट आ रहे क्षण-क्षण में॥

हो सचेत वे सँभल गये,
बिजली सी कौंध गई तन में।
निर्जन कानन में कौन–कौन?
यह लगे सोचने वे मन में॥

द्रुम डाल–पात के झुरमुट में,
बैठी चिड़ियाँ अब चहक उठीं।
जाने किसका आलिंगन कर
वह वायु मधुर सी महक उठी॥

सोंधी–सोंधी सी बास उठी,
फिर लहर, प्रान्त में बिखर गई।
साँसों से करती मधुर मिलन,
वन छटा, प्रान्त की निखर गई॥

लक्ष्मण जी लेकिन समझ गये,
यह छटा नहीं, अभिशाप, जलन।
सुख की यह मादक मदिरा है,
जिसमें प्राणी का बहता मन॥

निश्चय है, कोई मनुज, दनुज,
पा छद्म वेष चंचल माया।
जाने कैसी वह साध लिये,
इस कानन–प्रान्तर में आया?

ऐसा चिन्तन कर रामानुज,
धनु चाप उठा, हो गये सजग।
चहुँ दिशि विस्मय से निरख,
फिर खड़े हुए निश्चिन्त अडिग॥

तभी-तभी सुकुमार सुन्दरी,
सुन्दर रत्नाभरण जड़ी।
लता गुल्म के अन्तराल से
एक यौवना निकल पड़ी॥

नयनों में छाई मादकता,
ओठों पर यौवन प्यास लिये।
रोम-रोम में चंचलता,
प्राणों की मीठी साँस लिये॥

जड़ता वर्जित जाग्रत जीवन,
मसे भीगती अरुणाई।
उर में आशा का बाँध लिये,
स्वप्नों की किश्ती बन आई॥

घनश्याम घटा भी शरमाती,
सिर की घुँघराली अलकों से।
हिरनी की आँखें हार गईं,
उसकी कजरारी पलकों से॥

सौन्दर्य स्रोत, सम्मोहन मय,
आँखों में छाई अरुणाई।
नस-नस में थी नई चेतना
अंग-अंग में अँगड़ाई॥

उमग-उमग वह नदिया सी,
नव रचना के अरमान लिये।
खनन-खनन ले चूड़ी की,
अधरों में मृदु मुस्कान लिये॥

सपनों की नगरी बसा हृदय में,
पहरे पर कर रमशा-लास।
मन-मन को बंदी करता था,
फैला-फैला निज मधुर पाश॥

चन्द्रानन पर चंचल बन,
अलकें लहराती लहरों में।
विकट विकल वह भ्रमरी सी,
मधु प्यास लिये थी अधरों में॥

लघु पद धीर पड़ते मग में,
थी चाल, स्वयंवरा बाला सी।
अंग-अंग पर चित्र सजा,
ज्यों चली फिरी चित्रशाला सी॥

यद्यपि था उसका श्याम वर्ण,
पर अंग-अंग था गढ़ा-गढ़ा।
तन पर सोने के तार खिंचे,
ज्यों स्वर्ण प्रात में जड़ा-जड़ा॥

जैसे लगता था चाँद उगा,
नभ तज कर इस वसुधा पर।
अपनी स्वर्णिम सी किरणों से,
आलोक दे रहा अंजलि भर॥

कनक जटिल यह दनु बाला,
रावण की अनुजा भगिनी थी।
उर में था इसके गरल पात्र,
यह दुष्ट हृदया अहिनी थी॥

मर्यादा पर ढाँप डालकर,
विजयश्री पानी चाही।
कुत्सा के घर संयम रख कर,
तृष्णा आज बुलानी चाही॥

'उजल आँचल पर कींच पड़े',
उसकी मैली अभिलाषा थी।
'मेरी मादकता पान करे',
यह उसकी क्षुधा पिपासा थी॥

उसके अधरों की फुलझड़ियाँ,
फुलझड़ी नहीं अभिशाप था यह।
उसके तन की मृदु सौरभता,
मादकता का अनुताप था यह॥

सुधा कलश के अंतस में,
भी, सुरा घुली थी मतवाली।
उसके तन के स्वर्ण प्रात में,
निशा छिपी काली-काली॥

आकुल अलिनी अनुराग भरी,
लक्ष्मण के आगे ठहर गई।
उन्मादित, कलुषित, क्रूर हँसी,
उसके अधरों पर बिखर गई॥

चितवन के रेखा-चित्र बना,
नभ के सपनों की छाया ले।
मौन-मौन सी रही खड़ी,
अलसित सी अरुणिम काया ले॥

असुरा का छूकर हृदय तंत्र,
लक्ष्मण जी विस्मित बोल उठे।
अपने संयम की कीमत को,
उसकी कुत्सा से तोल उठे॥

"जनवर्जित दंडक कानन में,
तुम कौन? कौन? किस आशय से?
विस्तृत से सूने आँगन में,
तुम नहीं डरीं किंचित भय से?

अधरों पर लम्बी सी रेखा,
लीला क्रीड़ित ये पलकें क्यों?
इन हाव-भाव, फैलावों में,
घन सी घुँघराली अलकें क्यों?

भू की हरियाली, मखमल पर,
क्यों लिपट सिमट कर पड़ते पग?
मानव विमुखी इस कानन में,
क्या भूल गईं तुम अपना मग?"

ओठों पर मचले स्वर लेकर,
शूर्पणखा विहँसी, बोल उठी।
प्यासी सी जल की आशा में,
निज हृदय ग्रन्थि को खोल उठी॥

"मुझे बुलाया आज भाग्य ने,
अपना रीता घट भरने।
दीप शिखा मैं ले आई,
उसकी अगवानी करने॥

नया राग ले, नई ज्योति ले,
बस, आ पहुँची मंजिल पर।
आत्म देव, आराध्य देव पर,
पुष्प चढ़ाने अंजलि भर॥

सजल जलद बादल से आई,
धोने, धूल भरे तन को।
यहीं मिलेगी शीतलता,
मेरे इस प्यासे से मन को॥

पी लो आज प्रणय मदिरा,
भर दो हर साँसों में कम्पन।
हे प्राण, तुम्हारी धड़कन का,
मैं आज करूँगी अभिनन्दन॥

मै कलिका हूँ तुम मादक अलि,
छिप जाओ इस अवगुण्ठन में।
नाथ! आज तुम सो जाओ,
मम तन के मृदु-आलिंगन में॥"

फैला बातों का तंत्र-जाल,
नत पलक हुई अब दनु बाला।
मोहान्ध पाप से प्लावित हो,
सुलगाई थी विप्लव ज्वाला॥

असुरा की उलझी बातों को,
लक्ष्मण जी ने अब जान लिया।
मन में उसकी सुन प्रतिध्वनि,
को अन्तरपट था अब छान लिया॥

उसका दुश्चिन्तन आशय सुन,
लक्ष्मण हिय झंझा ज्वार उठे।
अपने शुचि सत्पथ निष्ठा के,
सुन्दर सन्देश उचार उठे॥

गम्भीर, धीर हो वे बोले—
"हे देवि आर्यी, कुछ सोचो।
निज उर की कुटिल कालिकाओं,
काली स्याही से मत पोंछो॥

तब मन में जो यह पंक लगा,
उसको तुम रजत बना डालो।
तब उर में जो यह सुरा घुली,
उसको तुम सोम बना डालो॥

मन को भावों की गंगा दो,
भटके चरणों को पथ दे दो।
आँखों को हिम सी शीतलता,
प्राणों को सम्बल सत दे दो॥

तुम असत् पाप में धँसी हुईं,
शुचि शान्ति, सत्य से विचलित क्यों?
तुम महानाश को हाला दी,
पावस पृथ्वी पर शिथिलित क्यों?

नश्वरदेही यह मिट्टी की,
जिसमें तेरा अनुराग भरा।
यह सुरा पात्र भी फटेगा,
जिसमें यह मदक पराग भरा॥

यदि प्यास बुझानी है तुमको,
तो विष से प्यास बुझातीं क्यों?
यदि मन बहलाना है तुमको,
कुत्सा से मन बहलातीं क्यों?

जगती की प्यास बुझाने को भी,
शुद्ध सुधा पवि बिखर रही।
सबके ही मन बहलाने को,
वन प्रकृति छ्टा यह निखर रही॥"

शूर्पणखा विहँसी, बोल उठी,
यौवन मद में हो दीवानी।
"तिल तिल भर अब झाँक चुकी,
हे आर्य! तुम्हारी नादानी॥

हँसते जीवन की परिभाषा,
प्रिय! आज तुम्हें मालूम नहीं।
तरुणी के गीले-गीले स्वर,
का, राज तुम्हें मालूम नहीं॥

चन्दा रजनी का आलिंगन,
हे नाथ! नहीं तुम समझ सके।
अलका के सुन्दर बन्धन में,
हे प्राण! नहीं तुम उलझ सके॥

क्या कभी निमंत्रणा दे पाये,
रूपसि की महकी साँसों को?
आँखें भर-भर कब देखा है?
खुलती कलिका की पाँखों को॥

मेरी भी तो नासमझी में,
जाने कितनी ही भूल हुई।
लाज बोझ में दबी-दबी,
कितनी अभिलाषा धूल हुई॥

जाने कितने ही चाँद गये,
पर गीत मिलन के गा न सकी।
अपनी ही इस नादानी में,
सुन्दरता उनकी पा न सकी॥

मेरे मन के इस उपवन से,
जाने कितने मधुमास गये।
मेरे जीवन के आँगन से,
जाने कितने मधु श्वास गये॥

अब तक थी मेरी नासमझी,
अब समझी हूँ हर क्षण-क्षण को।
अब तक की बंजर घाटी के,
मैं जान गई हर कण -कण को॥

चन्दा की उन्मद सन्ध्या में,
अब गीत मधुर तुम गाने दो।
मेरे इन सूने ओठों पर,
गीतों की लड़ियाँ आने दो॥

आई हूँ कितनी आशा से,
अब उपदेशों को मत बोलो।
मेरी इन सूखी श्वासों में,
लय की मधुता को तुम घोलो॥

फूलों से भर दो झोली को,
जो गजरे आज बना लूँ मैं।
मुझको तुम ऐसी वीणा दो,
जिसके तारों पर गा लूँ मैं॥

उर में जो अंकुर उगे हुए,
उनको निज हाथों से सींचो।
घन सी घुँघराली अलकों में,
तुम सिन्दूरी रेखा खींचो॥''

'तुम सिन्दूरी रेखा खींचो'
लक्ष्मण जी सुन यह काँप गये।
उसके कलुषित इन भावों को,
वह भली भाँति थे भाँप गये॥

पल भर में ही मन पक्षी बन,
उड़, पास उर्मिला के पहुँचा।
उर्मिल का पावस प्रणय बन्ध,
लक्ष्मण के ढिंग आ पहुँचा॥

प्रणय-बन्ध फिर बोल उठा—
'खोलो प्रियतम, शुचि नेह द्वार।
अपनी शुचि उर्मिल दासी की,
मत देना अब सुधि बिसार॥

इस निशिचर दुष्टा अहिनी से,
अब सपना स्वत्व बचा लो तुम।
असुरा के मोहान्ध पाश से,
अपना ब्रह्मत्व बचा लो तुम॥

इसकी बातें छल कौतुक हैं,
केवल मधु मद की यह प्यासी।
पर हमें चाहिए चरणामृत,
उर्मिल तव चरणों की दासी॥

बैठी सुदूर मैं आस लिये,
फिर, गाती अमर प्रभाती को।
तब चरणों की राह देख,
मैं करती शीतल छाती को॥

यह सद्यःमुग्ध चकोरी है,
केवल छिटकी राका निशि की।
यह कल्प वृक्ष की छाया में,
अन्तर में ग्रन्थि लिये विष की॥

यह मुग्ध कल्पना दीवानी,
प्लावित उन्मादी हाला में।
सुरा पात्र है सजे हुए,
इसके उर की मधुशाला में॥

रंगीन स्वप्न जो ले आई,
केवल इसका यह अपनापन।
सजी–जड़ी सुन्दरता में,
काला कुरूप अति कुत्सित मन॥

अगर गिर गये ब्रह्म स्वत्व से,
उड़े गगन फट जाय धरा।
नई सृष्टि तब यही कहेगी,
कामदेव से ब्रह्म डरा॥

मदमय तृष्णा का दाह करो,
उर्मिल के सत् में प्राण भरो।
तुम ब्रह्मचर्य का पालन कर,
शुचि भाव-जगत का त्राण करो॥'

लक्ष्मण ने आत्मावाज सुनी,
फिर निज अतीत के पट खोले।
अन्तस में निर्मल स्रोत बहा,
फिर सजग सँभल हो वे बोले॥

''हममें तुममें क्या समरसता,
हम पराधीन स्वच्छन्द नहीं।
हम कठिन कंटकों के गामी,
हम में मद, मधुर मरंद नहीं॥

जर्जर हैं चित्र कल्पना के,
फिर बोलो कैसे नव कर दूँ?
जब रंग तूलिका पास नहीं,
फिर मैं कैसे रंग भर दूँ?

तुम स्वाधीन, हम पराधीन,
हम परसेवी, तुम स्वसेवित।
मैं केवल हिम का पुतला हूँ,,
तुम विविध रंगों से आच्छादित॥''

जहाँ रामचन्द्र जी बैठे थे,
लक्ष्मण जी ने संकेत किया।
मादक मदिरा से बचने हित,
इस गरल पात्र को फेंक दिया॥

वे बोले—''सुन ओ मतवाली,
मैं तुझको राह बताता हूँ।
जिस तट पर तेरी प्यास बुझे,
उस तट को तुझे बताता हूँ॥

वे रामचन्द्र जी बैठे हैं,
जो मेरे अग्रज भ्राता हैं।
जन-जन को सम्बल देते हैं,
वे शरणागत के त्राता हैं।

वे अवधपुरी के राजा हैं,
है सब समर्थ, छायाकारी।
वन्य-जगत के जीवों को,
आगमन हुआ अति सुखकारी॥

उनके उर के वातायन से,
सुखमय निर्झरिणी बहती है।
उनके अन्तस की छाया में,
हिम सी शीतलता रहती है॥

जिसका मन में मरुस्थल के समान,
उपवन उसमें ही खिल जाते।
जिनकी साँसों में नीरसता,
मधुगान उन्हीं को मिल जाते ॥

जिसकी मन वीणा टूट गई,
जिनके गीतों में दर्द भरे।
उसकी वीणा के तार सजा,
उनके गीतों में हर्ष भरे॥

जिनकी आशाएँ कुहरे में,
खा जाती काली रात जिन्हें।
उनकी आशा को पूरी कर,
वे देते नवल प्रभात उन्हें॥

उनके ही बल से शैल टिके,
उनसे ही यह झरने झरते।
अपनी रंग तूलिका ले,
वे ही चित्रों में रंग भरते॥

वहीं तुम्हारा ताप मिटेगा,
वहीं भरेगा रीता घट।
वहीं तुम्हारी प्यास बुझेगी,
वहीं मिलेगा तेरा तट॥

सुन्दरि! मैं हूँ दास उन्हीं का,
उनके ही हम अनुगामी।
उनके चरणों का मैं सेवक,
वे हैं सेवित, मेरे स्वामी॥

अपने सपनों की किश्ती का,
उनको पतवार बना लो तुम।
अपने बहते इस जीवन का,
उनको आधार बना लो तुम॥

ले अपनी प्राण पिपासा को,
गिर पड़ो उन्हीं की छाया में।
अपनी तट-रेखा तुम छूकर,
रम जाओ उन्हीं की माया में॥

जिनकी आँखों में आँसू हों,
उनको वे देते हास सदा।
जिनके उर में निःश्वास बसे,
उनको देते विश्वास सदा॥

मत हो उदास, मत हो निराश,
हे रूपसि! तू मत हो उन्मन।
मैंने जो राह बता दी है,
उस पर चल, मत कायर बन॥''

यती! वृती! तुम ओ लक्ष्मण।
तुमने असुरा को बहकाया।
धन्य तुम्हारा उज्ज्वल मन,
जिसने मदिरा को ढुलकाया॥

अलि की इस मादक मदिरा को,
रघुवर स्वीकार करेंगे कब।
इस क्रूर कामिनी कुटिला में,
मन की मनुहार भरेंगे कब॥

फिर भी शूर्पणखा उलझ गई,
लक्ष्मण की मीठी बातों में।
मुख नई लालिमा झलक उठी,
ज्यों लाली फूटे प्रातों में॥

लक्ष्मण की तर्जनी उँगली का,
शूर्पणखा गई संकेत समझ।
उसके ललचाये पलक उठे,
फिर दूर दृष्टि से गई, उलझ।

वह अंग-अंग में लचक लिये,
चल पड़ी पवन का झोंका बन।
छलना के डोरे हाथ लिये,
मृगतृष्णा जैसा धोखा बन॥

ओठों पर लेकर ज्योति शिखा,
अरमान नये रचती जाती।
जैसे नभ की पगडंडी पर,
घनश्याम घटा चलती जाती॥

अपने मन के सब रंगों को,
फिर से उसने अब चटक किया।
अपने अन्तर के भावों को,
अब अलसित तन से प्रकट किया॥

उर में आशा की लहर उठी,
मन में स्वप्नों का झाग उठा।
तन में चेतनता जाग उठी,
वाणी से भ्रमरित राग उठा॥

अपना रमणीय उजाला ले,
तन पर ले अलसित तरुणाई।
निज उर में स्वप्निल आस लिये,
श्री राम निकट असुरा आई॥

सजी-सजी सी अलका बन,
अधरों पर फैला हास लड़ी।
नत पलक किये, वैभव बिखरा,
फिर हुई राम के पास खड़ी॥

स्नेही, निश्छल नयनों से,
रूपसि देखी, हो अति विस्मय।
रामचन्द्र जी सँभल गये,
फिर लगे पूछने वे परिचय॥

"हे देवि! मुझे यह बतला दो!
तुम कौन? यहाँ क्यों कानन में?
तुम भूल गईं क्या अपना पथ,
या चली प्रकृति के पूजन में?

जनवर्जित विमुखी कानन है,
दुर्भेद्य विजन पथ कंट भरा।
बाधाएँ करतीं अट्टहास,
फिर भी उर में उल्लास भरा॥

सौन्दर्य स्त्रोत, ओ शुचि स्मित!
हे सत्य शीलनी, मौन-मौन!
हे पूज्य वंद्य ! हे दिव्य रूप,
तुम खड़ी हुई हो कौन? कौन?"

"रघुवर! तुम इतने अनजाने,
अब तक कुछ जान नहीं पाये।
दंडक वन की अधिस्वामिनि को,
अब तक पहिचान नहीं पाये॥

दंडकारण्य यह सुन्दर वन,
दूर क्षितिज तक का विस्तार।
मेरा है विस्तृत आँगन,
करती जिसमें आमोद विहार॥

लता-पुंज, तरु, ताल, शिखर,
वैभव अशेष, सौन्दर्य स्रोत।
सब की ही मैं हूँ अधिस्वामिनि,
मैं प्रकृति प्रेम से ओत-प्रोत॥

यह दूर क्षितिज तक फैला है,
मेरी ही महिमा का वितान।
विहंगों के कूजित कलरव में,
गूँज रहे मम अमर गान॥

कानन में सुरभित आँगन में,
निशि-निशि भर मैं घूमा करती।
चन्दा की छिटकी राका में,
किरणों को मैं चूमा करती॥

धन्य-धन्य मैं भाग्यशालिनी,
तुम से पाहुन मेरे आँगन।
पलकों को पद तल बिछा-बिछा,
हे नाथ! करूँ मैं अभिनन्दन॥''

''मैं समझ गया तुम वन देवी,
अधिस्वामिनी हो इस कानन की।
तुम भव्य भूति तप भूषित हो,
तुम तपोभूमि अति पावन की॥

हे प्रणत-पालिनी, दया-स्रोत,
यह फैल रहा तेरा प्रकाश।
वन देवी तेरे तप बल से,
न यहीं कहीं मिल रहा त्रास॥''

रघुवर की निश्छल बातें सुन,
शूर्पणखा मन में विहंस उठी।
जलते उर के अंगारों में,
उसकी आशाएँ चमक उठीं॥

रंगीन कड़ी ले गाने की,
असुरा अलिसित हो मुसकाई।
अपने उर में दबे भाव,
अपने अधरों पर ले आई॥

उसकी उलझी सी बातों में,
अलका की मूक अर्चना थी।
रूपसि की चचंल चित्तवन मे,
रति पति की अकथ वंदना थी॥

अनगिन सपनों के कल्प तार,
अपनी वाणी में सजा-सजा।
अनगाये उन्मद गीतों को,
कह उठी पहेली बुझा-बुझा॥

"हे नाथ, नहीं मैं वन देवी,
मैं हूँ रमणी निशिचर बाला।
अरण्य प्रान्त का सुमन हार,
लंका की हूँ कंचन माला॥

कामारि भक्त, श्रीलंका पति,
रावण की अनुजा भगिनी हूँ।
हे नाथ! अगर तुम कमल नयन,
तो मैं भी कमल-रंजिनी हूँ॥

संगीत सुधा प्लावित अन्तस,
रमणीय लास्य मेरे तन में।
रँगे चित्र इन नयनों में,
कमनीय राग मेरे मन में॥

हे सजल जलद, नयनाभिराम!
अब जान गये होगे परिचय।
ओ! हृदय कक्ष के सजे चित्र,
तुम करो सिन्धु में बिन्दु विलय॥"

"लंकापति की ओ राजश्री"!
स्वीकार करो मम अभिवादन।
रावण भगिनी, मेरी भगिनी,
ओ शुचि स्वरूप, सुन्दर-पावन॥

इस विजन देश की निशा शेष में,
नहीं कोई संगी-साथी।
कठिन कंटकों के मग में,
विचरण करती तुम एकाकी॥

दिवसावसान भी है समीप,
उसकी अर्थी रचने वाली।
अभी आरती थाल सजा,
रजनी भी है आने वाली॥

सुनसान के भय से दिशाएँ,
राग तज उन्मन मलिन।
हे राजश्री तब इस समय,
कैसे हुआ नव आगमन॥"

"हे राघव! तुम बनते अनजाने,
जो नहीं अर्थ से उलझ सके।
करो सिन्धु में बिन्दु विलय,
का भाव नहीं तुम समझ सके॥

कहने की नहीं समझने की,
पर फिर भी कहूँ मूक अर्चा।
यह साथ सुकेशी कौन? कौन?
हे प्राण करो इनकी चर्चा॥"

रघुवर कुंचित हो बोल उठे,
सुन 'प्राण' शब्द का सम्बोधन।
"तज अनाचार कुविचार दुखद,
हे देवी करो भाव शोधन॥

तुम स्वार्थ सिन्धु की तृप्ति हेतु,
वाणी में विष क्यों घोल रही?
हिम की शीतल निर्मलता से।
कालौंछ कालिमा तोल रही?

कहती तुम मुझको अनजाना,
खुद तुमको ही कुछ ज्ञान नहीं।
मम साथ सुकेशी कौन? कौन?
इसका तुमको अनुमान नहीं॥

सन्ध्या की नीरव वेला में,
द्रुमलता पुंज के अंतर में।
कौन संगिनी हो सकती,
वीरान विजन वन-प्रान्तर में॥

मिथिला की राजदुलारी हैं,
मम प्राण वल्लभा सीता हैं।
मेरे उर की चिर ज्योति शिखा,
सत् तटिनी परम पुनीता हैं॥"

चक्षु चढ़ा चल चितवन हो,
ले कुसुम वाण कर नव अभिनय।
व्यंग भाव से विहँस उठी,
असुरा सुन सीता का परिचय॥

बोली—"हे राम बताओ तुम,
कैसे अनुमान लगा सकती?
चन्दा छिटकी, राका निशि में,
पत्नी ही अरमान सजा सकती?

स्निग्ध निशा, चन्दा छिटकी,
हँस रहे लता में फूल झूल
हे राजपुत्र तब तुम सोचो,
है कौन तुम्हारी विकट भूल॥

एक विटप की एक मूल से,
अनगिन शाखाएँ पलती हैं।
तुम ही देखो, एक भ्रमर से,
कितनी कलिकाएँ मिलती हैं॥

ओ राजपुत्र! राजीव नयन!
समझो तुम मेरे स्वर गीले।
फिर राजवंश के लिए,
प्रणाय बन्धन है ढीले-ढीले॥"

"ऐसे तेरे यह प्रगल्भ वाक्य,
कहने का क्या तात्पर्य।
हे शूर्पणखा तू सोच सोच,
हम दनुज नहीं, हम धर्म आर्य॥

आर्य धर्म में आर्य पुत्र को,
बन्धित क्षेत्र पड़ा है।
पावनता का प्रणय बन्ध ही,
उसके लिए बड़ा है॥

दानव तनया! रावण अनुजा।
सत् पथ से मुझे हटाओ मत।
स्वर्ण दिवस को बहका कर तुम,
काली रात बुलाओ मत॥

यदि भूल गईं तुम अपना पथ,
तो पुनः पथ पर बढ़ जाओ।
घोर घृणा के कीचड़ में,
पावन सुरसरि को ले आओ॥"

"हे राम अगर तुम राज पुत्र,
तो मैं भी राज किशोरी हूँ।
यदि तुम निशीथ के निशानाथ,
तो मैं भी मुग्ध चकोरी हूँ॥

धर्म तुम्हारे लिए सभी कुछ,
नारी का हृदय नहीं देखा।
रमणी की अल्हड़ आशा को,
तुमने ओ निर्दय नहीं देखा॥

राम तुम इतने क्रूर हृदय,
पुंसत्वहीन अतिशय निर्मम।
नारी का हृदय कुचल बैठे,
मन में ले मिथ्या प्रणय विभ्रम॥

हम मूक याचिका बन आईं,
हे राम तुम्हारे स्नेह द्वार।
मेरे अन्तर की ज्वाला में,
तुम धधक उठे बनकर अंगार॥

माना तुम हो सौन्दर्य स्त्रोत,
फिर भी क्या निशि दिन झर पाए।
पथ हारे, प्यासे प्राणों के,
तुम खाली पात्र न भर पाये॥

हे राम उपेक्षा कर मेरी,
पाओगे पश्चात्ताप अनल।
आर्य धर्म मिट जाएगा,
विध्वंसों की ज्वाला में जल॥

सब अर्थहीन कर दिये आज,
तुमने मेरे मधुप्रीति गान।
ढुलकाये तुमने सुरा पात्र,
ठुकराया तुमने सुरा पान॥

जले स्वप्न ढह गई भीति,
रिस उठे तुम्हारे किये घाव।
अब घोर निराशा के घन में,
छिप गये हमारे प्रीति-भाव॥

वन्दन करते अब हाथ थके,
अर्चन करते अब साँस थकी।
अब परवश ताके कोहरे से,
मेरी चिरविलसित आश ढकी॥

मत भूलो मैं भी असुरा हूँ,
मेरे भी कुछ हैं जाति धर्म।
मेरी भी अपनी गरिमा है,
मेरे भी कुछ हैं जाति कर्म॥

राम! नहीं मैं जा सकती,
मैं भी तो दानव बाला हूँ।
धर्म बन्ध झुलसा डाले,
मैं भी तो ऐसी ज्वाला हूँ॥''

सीता जी अब भयभीत हुईं,
शूर्पणखा देखी जब अहिनी सी।
हो उठीं क्षुब्ध दंशनभय से,
वह काँप उठी थीं हिरनी सी॥

तीखी तड़पन के शब्दों को,
और अधिक, फिर नहीं सहा।
सीता जी ने फिर रघुवर से,
नयनों से कर संकेत कहा॥

'इसके उर में कटु जहर भरा,
निशिचर-कुल की यह अनुगामी।
इसको बातों में बहका कर,
लक्ष्मण समीप भेजो स्वामी॥'

विस्मय से देखा सीता को,
देखे उनके संकेत नयन।
भयभीत भाव का द्योतक था,
उनकी पलकों का नीर स्त्रजन॥

समझ गये, पर सोच उठे,
लक्ष्मणा का त्याग आत्म साधन।
निर्विकार, अतिशय-निर्मल,
लक्ष्मण का धर्म ब्रह्म पालन॥

लक्ष्मण की शक्ति अपरिमित है,
रघुवर को इसका था आभास।
लक्ष्मण को बाँध नहीं सकता,
असुरा का यह मोहान्ध पाश॥

बोले रघुवर, ''ओ सुन सुन्दरि!
हम बँधे प्रणय के बन्धन से।
मर्यादा को मत पीड़ा दो,
सीता जी के उर दंशन से॥

तनिक दूर पर तुम देखो,
लघु भ्राता लक्ष्मण खड़े हुए।
वे गौर वर्ण हैं अति सुन्दर,
ज्यों स्वर्ण प्रात में जड़े हुए॥

अवनी पर आया चाँद उतर,
क्या विधि ने ही की है यहाँ भूल।
देखो बिना लता तरु के,
वह विकस रहा है कैसा फूल॥

मुझसे सुन्दर अल्पायु है वह,
हैं दिव्य रूप, काली अलकें।
तरुण भाव को बता रहीं,
उनकी उन्मद् क्रीड़ित पलकें॥

लक्ष्मण समीप ही तुम जाओ,
हे शूर्पणखे क्यों कातर होतीं।
तुम जीवन से विश्वास उठा,
यह अक्षि अश्रु से क्यों धोती॥''

''देख चुकी मैं राम! उन्हें,
उनने भी बाँह नहीं थामी।
वे भी तो सगे सहोदर हैं,
फिर आर्य धर्म पथ अनुगामी॥

क्या लक्ष्मण ने किसी सुन्दरी के,
सिर में सिन्दूर नहीं डाला?
क्या प्रणय-बन्ध को साखी दे,
लक्ष्मण ने धर्म नहीं पाला?''

''भर चुके माँग, उनकी भार्या,
उर्मिला, मैथिली-बाला हैं।
सौन्दर्य सुधा चन्द्रानन सी,
मावस घर का उजियाला हैं॥

पर रूपसि! उनकी ऊर्मि यहाँ,
अधिपति के साथ नहीं आईं।
नवजीवन की वे बौछारें,
लक्ष्मण के हाथ नहीं आईं॥

उर्मिला विरहिता वहीं रहीं,
लक्ष्मण विरही से यहाँ खड़े।
दोनों के अन्तस बिछुड़े हैं,
इक वहाँ पड़ीं, इक यहाँ पड़े॥

आर्य धर्म में पत्नी सम्मुख।
परा वरण अति नीच कर्म।
हे रूपसि प्यासे प्राणी को,
पानी दे देना नीति धर्म॥

धर्मक्षेत्र की सीमा में,
धर्मानुकूल ही लक्ष्मण है।
मेरी आज्ञा का पालन ही,
उस धर्म वीर का दृढ़ प्रण है॥

मेरी आयसु के बिना लखन,
सुन! कैसे तेरी बाँह गहे।
बिन डाल-पात के तरुओं से,
कैसे? क्यों? कोई छाँह गहे॥

पर हे शूर्पणखे! तुम अब जाओ,
प्राणों में अमित प्रकाश लिये।
कातरता का तुम करो अन्त,
जाओ चिर विलसित आस लिये॥

लक्ष्मण के सम्मुख जा सुन्दरि,
अपने मन की मनुहार भरो।
निज सपनों का साकार करो,
अपने मन का भंडार भरो॥"

शूर्पणखा बोली—हे राम सुनो,
तुम बड़े भले मेरे चिन्तक।
अपनी अब प्यास बुझा लूँगी,
मम मार्ग हुआ अब निष्कंटक॥"

सोती आशाएँ जाग उठीं,
ले अधर हास फिर झूम पड़ी।
अपने ललचाए नयन लिये,
लक्ष्मण दिशि शूर्पण घूम पड़ी॥

ले मोहपाश का तंत्र जाल,
सुरपुर की सुघर किन्नरी बन।
नई घात ले आकुल सी,
चल पड़ी मदान्ध कुंजरी बन॥

वह तैर कल्पना का सागर,
जलयान लिये अब तट पहुँची।
अपने उर रीते पात्र लिये,
अरमान लिये पनघट पहुँची॥

लक्ष्मण जी बैठे ध्यानमग्न,
पायल ध्वनि सुनकर चौंक उठे।
रूपसि के पुनः आगमन का,
कारण वे फिर से सोच उठे॥

आसन समीप शूर्पणखा आई,
आकर लक्ष्मण से बोल उठी।
अपने खोये से लक्ष्य हेतु,
लक्ष्मण का हृदय टटोल उठी॥

"उनकी छवि प्रियवर! देख चुकी,
पर तुम पर ही आँखें अटकीं।
ऐसी छवि प्रियवर! नहीं मिली,
मैं कहाँ-कहाँ जाने भटकी॥

रामायसु चाह रहे प्रियवर,
उनसे वह भी मैं ले आई।
घनरस दो घनी घटाओं को,
जो मम उर पुष्कर पर छाई॥

शूर्पण समझाया लाख तुम्हें,
लेकिन तुम एक नहीं समझीं।
मेरी दृढ़ योग साधना से,
असुरा! जाने तुम क्यों उलझी॥

एक बार फिर तुम समझो,
मैं स्वर्ण नहीं बस धूल हूँ मैं।
जीवन में मधुर मरंद नहीं,
कटु बज्र हृदय बन शूल हूँ मैं॥

अब सत्य कहा तुमने स्वामी,
यह सुन सन्तोष मुझे मिलता।
कैसा सुन्दर यह मधुर मिलन,
गुलाब कंटकों में खिलता॥''

लक्ष्मण जी की अब भृकुटि चढ़ी,
तन फैल गई व्रिष धारा सी।
आँखों से बिजली बरस उठी,
वे लाल-लाल थीं तारा सी॥

बोल उठे, "ओ सूपण! सुन,
तू हट जा मेरे सुर-पथ से।
क्रूर कामिनी कुटिला बन,
क्यों हटा रही मुझको सत् से?

मैं कैसा कठिन साधना मय,
हे शूर्पणखे! सुन तू मम अतीत।
नारी मुख कभी नहीं देखा,
द्वादस वर्ष हैं गए बीत॥"

"झूठ झूठ फिर श्वेत झूठ,
'नारी मुख कभी नहीं देखा'
किसी रूपसी के मुख पर,
क्या खींची नहीं दृष्टि रेखा?

सरित अंबु ने सरिता का,
देखा नहीं किनारा क्या?
फिर राम भार्या सीता-मुख,
हे लक्ष्मण! नहीं निहारा क्या?

बोलो लक्ष्मण यह सीता ही,
वनिता है या वनिता पति है?
कहते हो 'नारि नहीं देखी,'
अति झूठ तुम्हारा यह व्रत है॥"

"ओ कलुषित हृदया! असुरा सुन,
सीता जी मेरी माता हैं।
फिर कोई भी परदा हो,
भगिनी सम मेरा नाता है॥

दानव कुल से तुम पालित हो,
इसलिए तुम्हारे नीच कृत्य।
जीवन में कहाँ उतारे हैं,
पुण्य-प्रेम, शुचि शान्ति, सत्य॥

तू तो स्वैरचारिणी है,
पर मैं हूँ कहाँ स्वैरचारी।
तू तो कुटिल कामिनी है,
मैं हूँ शुचि साधक वनचारी॥

जा। जा। तू हट जा शूर्पणखे,
अब उलझी मुझसे बात न कर।
दूषित दूषण बन पापों से,
मेरे ऊपर अब घात न कर॥"

लक्ष्मण की बातें असुरा सुन,
जल उठी क्रोध की ज्वाला में।
भृकुटि चढ़ी फिर बोल उठी,
धुल उठी हृदय की हाला में॥

"कहते हो 'मुझसे मत उलझो,'
खुद छली बली तुम व्यभिचारी।
तुमने भावों को राहें दीं,
तुम बड़े बने दृढ़ व्रत धारी॥

तुमने खुद उलझी बातें कीं,
फैलाया तुमने मोहपाश।
शान्ति नहीं तुम पा सकते,
नारी से करके छल उपहास॥

तुमने मेरा उपहास किया,
कर दिया आज अन्तर बागी।
कैसे सो सकते शान्ति कुंज में,
मुझे बताओ हत भागी!

तुम समझ रहे होगे अबला,
केवल नर की मधु कर हाला।
स्वयं तभी तुम जानोगे,
जब धधकेगी भीषण ज्वाला॥

भूलोगे तुम सब ब्रह्मचर्य,
भूलोगे अपनी विमल भक्ति।
काल रूप हो ज्वाला बन,
पी लूँगी जब मैं तप्त रक्त॥

पान करोगे तुम विष का,
ठुकरा करके धन रस अमन्द।
सुरा भीख खुद माँगोगे,
ठुकरा कर अपना प्रणय बन्ध॥

जाती हूँ कभी मिलूँगी फिर,
अपने रत् नित नव परिचय से।
उपहास तभी फिर ले लूँगी,
अपने मन के नव अभिनव से॥

इतना कह, सत्वर चरण बढ़े,
चल पड़ी विजन वन-प्रान्तर में।
हो मलिन, विकल, निःश्वास खींच,
खो गई लता के अन्तर में॥

लता कुंज के झुरमुट में,
थका-थका गिर पड़ा अनंग।
आहत हो ज्यों भू पर गिरती,
सजी बजी तन कटी पतंग॥

उठ बैठी फिर सोच उठी,
होऊँ कायर क्यों? बन अधीर।
क्यों न चलूँ उस पथ पर मैं,
मेरे कुल पथ की जो लकीर॥

विकराल रूप धर खा जाऊँ,
उस दुष्ट राम की पत्नी को।
ले अपना ही प्रतिशोध आज,
मैं रक्त पिलाऊँ अवनी को॥

फिर धूल धूसरित देही कर,
चहुँ मुख फैलाया केश जाल।
जैसे तरुवर की चोटी पर,
लटक रहे हों विविध व्याल॥

कुत्सा का मूल्य चुकाया था,
उसने निज नई लालिमा दे।
कलुसा को आज बुलाया था,
अपनी कटु क्रूर कालिमा ले॥

निपट निर्वसन ज्वालामुखी,
थी काल रूप, अति अस्त व्यस्त।
तन की अति भीषण ज्वाला से,
रोम-रोम था तप्त-तप्त॥

मानव वसन उतारे अब,
फिर दनुज वेष तन धारण कर।
कोकिल सी मीठी वाणी तज,
कौशिक स्वर का उच्चारण कर॥

चल पड़ी असत् के खल पथ पर,
उर में लेकर प्रतिशोध अनल।
साँसों में क्रूर-कराह लिये,
कन्दर्प अग्नि ज्वाला में जल॥

उस कुटिल पापिनी असुरा को,
था पुण्य पाप का भेद नहीं।
उस स्वार्थ सिन्धु भय कुलटा को,
निज महापतन पर खेद नहीं॥

ले गिद्ध वृत्ति, नाशोन्मुख हो,
चल पड़ी जलाने ध्वंस आग।
वाणी में विषम हलाहल ले,
चल पड़ी सुनाने ध्वंस राग॥

निज कनक जणित किंशुक पट को,
रख दिया रूप की अरथी पर।
काला दुकूल तन ओढ़ा, ज्यों,
घन घटा आ गई धरती पर॥

डगमग-डगमग चलते जाते,
भारी कदमों से बढ़े चरण।
विकराल रूप ले पहुँच गई,
करने रघुवर का प्रण हरण॥

क्रन्दन करते आवाज सुनी,
सुन चीत्कार काले तन का।
वे समझ गये, फिर खड़े हुए,
बिकराल रूप लख शूर्पणखा का॥

ले दैत्य रूप फिर दौड़ पड़ी,
सीता सुकुमारी जिधर खड़ी।
मिथिला भी अति भयभीत हुईं,
बूँदें पलकों से मचल पड़ीं॥

अति भयद रूप, देखा सीता,
हिरनी सी काँप उठीं थर-थर।
युगल नयन झर उठे अश्रु से,
जैसे झरता निर्झर झर-झर॥

सीता तो अबला नारी थी,
वन प्रकृति छटा भी काँप गई।
कर गई पलायन नई खुशी,
कितनी ही दूरी नाप गई॥

गई सिसकती मंगल ध्वनि,
सौरभ ने आज वतन छोड़ा।
क्षुब्ध साँस ने चिता रची,
खुशियों ने आज कफ़न ओढ़ा॥

वन के प्राणी सब शोकाकुल,
कर उठे नियति का वे आह्वान।
हे विभुवर! आज बचाओ तुम,
हो रहा धर्म का क्यों अपमान॥

जीवन के शुचि शान्ति कक्ष में,
हो रहा पाप से परिचय क्यों?
कानन के सुरभित आँगन में,
हो रहा नाश का अभिनय क्यों॥

संयम शुचि उज्ज्वल दिनकर को,
डस लेगा ही क्या अन्धकार।
अनाचार सविचार द्वन्द्व में,
जीतेगा ही क्या अनाचार॥

क्या प्रणाय धर्म मिट जायेगा,
या संधि करेंगे पाप-पुण्य।
या हिंसा भूमि बनेगी क्या,
शुचि शान्ति मधुर दंडकारण्य॥

उठो ईश! उद्धार करो,
फिर आज धर्म का त्राण करो।
अब काल रूप बन कुत्सा में,
तुम आज धर्म में प्राण भरो॥

दग्ध विकल अंतः उनका,
थे शोक संकुलित, उर सन्ताप।
नयन नीर वे बहा रहे,
कर विविध भाँति नाना विलाप॥

झर गये सजीले पुष्प सभी,
गिर गये अनेकों वृद्ध विटप।
कलियों को गुंजन राग सुना,
मर गये अनेकों मद्य मधुप॥

कुजित कोयल अब रूठ गई,
खड़े-खड़े सो गये हिरन।
चन्दा की राका मलिन हुई,
स्वर्ण तार सी, बुझी किरण॥

शीतल समीर अब क्रुद्ध हुआ,
फिर गर्म-गर्म उठ गई लपट।
महाप्रलय का रास रचा,
तरु लता पुंज पर झपट-झपट॥

विस्मित हो लक्ष्मण सोच उठे,
यह आज सृष्टि क्यों अस्त-व्यस्त।
अनजाने ही इस वसुधा पर,
यह सकल सृष्टि क्यों ध्वस्त त्रस्त॥

हुए खड़े, चहुँ दिशि देखा,
चल पड़े, राम दिशि चरण बढ़ा।
पहुँचे समीप, असुरा देखी,
फिर लिया धनुष पर चाप चढ़ा॥

सजग सँभल हो लक्ष्मण ने,
जब तीर छोड़ना ही चाहा।
श्रीरामचन्द्र ने रोक दिया,
जब घड़ा फोड़ना ही चाहा॥

कह उठे—सुनो तुम ओ लक्ष्मण,
देखो तो नारी अबला है।
नारी पर बाण नहीं छोड़ो,
चाहे कितनी यह कुटिला है॥

क्या नीति धर्म तुम भूल गये,
नारी पर अस्त्र. उठा बैठे?
अपनी उद्दाम भावना में,
तुम अपना धर्म लुटा बैठे॥''

तब तक असुरा बनकर विषधर,
सीता के ऊपर उछल पड़ी।
हिरनी सी भयभीत हुई,
फिर हुई राम के पास खड़ी॥

तत्क्षण कुलटा को बेध दिया,
लक्ष्मण ने शर संधान चढ़ा।
जो सजा हुआ उसके उर में,
वह फोड़ दिया विषयान घड़ा॥

चीख उठी, गिर वसुधा पर,
ज्यों चीत्कार करते शृगाल।
तटिनी नयनों से बहा-बहा,
कर लिये नयन अब लाल-लाल॥

लक्ष्मण जी तत्क्षण समझ गये,
सीता ने जो संकेत किया।
कर्ण नासिका काट लिये,
कुत्सा को कुत्सित रूप दिया॥

हुई धर्म की विजय आज,
पावन तट से फिर पाप हटा।
हँस गई प्रकृति ढह गया शोक,
फैली सुगंध मनुहार छटा॥

बुझ गई लपट रह गया धुआँ,
अब केवल रहा स्याह लेखा।
मिट गये सजीले रँगे चित्र,
अब केवल रही क्षीण रेखा॥

लाज बोझ से गड़ी-गड़ी,
कुछ क्षण तक वह रही पड़ी।
नयन मूँद निज कर तल से,
नतमस्तक फिर हुई खड़ी॥

उर तड़प लिये, दृग वारि लिये,
ले राहु केतु चन्द्रानन में।
दृष्टि बचा, फिर बदन छिपा,
खो गई विजन-पथ कानन मे॥

अब बोलो! तुम हे शूर्पणखे,
अरमान नहीं क्यों रच पाई।
तुम पाप भरी निज किश्तों से,
क्यों नहीं किनारा छू पाई॥

आई थीं वर की आशा में,
पर मिला आज अभिशाप तुम्हें।
आई थी पाने शीतलता,
पर मिला कष्टमय ताप तुम्हें॥

मिल गई चीख, अब अधरों से,
गीतों की लड़ियाँ छूट गईं।
तेरे उर की मधु साँसें भी,
आहों, सिसकन में टूट गईं॥

अब नहीं रहीं तुम भूतल पर,
अब नहीं दृगों में पानी है।
पर युगों-युगों तक सदा रहेगी,
यह तेरी क्रूर कहानी है॥

वसुधा सिसकी अंबर काँपा,
हर अन्तर से भू डोल उठा।
कण-कण से करुण कराह उठी,
अब क्षुब्ध हिमालय बोल उठा॥

गई वेदना दूर क्षितिज,
जनजन मन में अतिशय हलचल।
नये-नये स्वर गीतों में,
थी आज वेदना विकल-विकल॥

कर ली थी हर ख़ुशी कैद,
थी दृष्टि नहीं नफरत वाली।
बरस रही थीं नहीं बिजलियाँ,
छाई नहीं घटा काली॥

माना था अवरोध बहुत,
पुरुषार्थ बड़ा था मुश्किल से।
तूफान नहीं चट्टान बदलती,
जगह तेज से बल से॥

ओ काम! यहाँ तुम, जहाँ,
आज हर मुख भूला गीता को।
कागज के टुकड़ों में यह दम,
देखो देखें सीता को॥

कहाँ बस गये जाल डाल कर,
ले के बहाना, किस्मत का।
जहाँ न थकते, कभी देखते,
काले उर परिणीता का।

हाथ पकड़ लो मेहनत का,
सहो शरद मारुति झोंके।
पाँवों को स्वीकार करा दो,
निजी कुदाली की नोके॥

कर्ज चुका दो इस धरती का
कर दो सपनों को साकार।
नयनों की दृग धार को रोको,
तन से बहे स्वेद की धार॥

पंचम सर्ग

# उत्थान के लिए, चारित्रिक विकास के लिए प्रेरक तत्त्वों का समावेश

कर्ज चुका दो इस धरती का,
कर दो सपनों को साकार।
नयनों की दृग धार को रोको,
तन से बहे स्वेद की धार॥

सुकर्म एक धर्म है,
यही बड़ा विवेक है।
कर्म ही प्रधान है,
कहीं न भाग्य लेख है॥

चारू चन्द्र के जीवन का,
परिवर्तन सबने देखा।
स्वर्ण थाल से सहसा मिट,
बनती धूमिल टेढ़ी रेखा॥

नर नारी बच्चे युवकों से,
बनता है हर एक समाज।
जब फँसे स्वार्थ के दल दल में,
होंगे कैसे सब राज काज॥

होंगे जहाँ स्वार्थ के दल दल,
कौन फसल ? क्यों ? कैसे होगी।
फसलों की मत बात करो,
होंगे विष धर जन-जन रोगी॥

परिवेश बन रहा ऐसा अब,
जहाँ एक नहीं सारा समूह।
देश रसातल में जाना है,
सोच सोच काँपती रूह॥

जो इज्जत घर में रहती थी,
वे छान रहीं गलियाँ गलियाँ।
बेशर्म हो गए भौंरे इतने,
झुकी शर्म से कलियाँ-कलियाँ॥

लोकतंत्र आदर्श अटल है,
ऊँचा है व्यावहारिक कम।
जन कल्याणी बने व्यवस्था,
तभी सुखी हैं हम औ' तुम॥

शासित पक्षी हो सदाचार का,
शासन ना हो अभिमानी।
दोनों पक्ष सदाचारी हों,
लोकतंत्र की चलती गाड़ी॥

सत्ता में हो देश भक्ति,
करें वहाँ जनहित की बातें।
उनकी वे आवाज सुनें,
करें क्रूरता जिनसे घातें॥

पर्दा खुले सत्य ही निकले,
सबका हो विश्वास तंत्र में।
घोटालों की गन्ध नहीं हो,
छद्म वेश ना घुसे यंत्र में॥

मत बैठो इतने निरीह बन,
ध्वंस देश का मत देखो।
सम्पूर्ण धरा धँस जाएगी,
फिर क्या होगा तुम यह सोचो॥

क्षण-क्षण, दिन-दिन हालात बिगड़ते,
इतना बड़ा रोग संक्रामक।
फिर भी हम क्यों नहीं चेतते,
नहीं रोकते बन आक्रामक॥

खेत खेत खलिहान खेल,
गलियाँ-गलियाँ, गाँव-गाँव।
महामारी ने पैर पसारे,
घुसती है घर में दबे पाँव॥

जब सभी एक से हो जाएँगे,
ठीक करेगा कौन रोग?
अगली पीढ़ी कैसी होगी,
सभी मरेंगे भोग भोग॥

उद्दंड जवानी बड़ी सुनामी,
लोग सुनामी से डरते।
घर घर में हैं घुसी सुनामी,
कैसे उबरें नहीं सोचते॥

चुपके चुपके घर में घुसते,
बाप सोचते अनुशासन है।
कहाँ गए थे, क्या कर आए,
सम्भ्रम में सिंहासन है॥

उठे सबेरे बाहर निकले,
घर के बाहर अखबार पड़ा।
उसे उठा जब पढ़ते हैं,
हुआ हादसा इतना बड़ा॥

छपा नाम बेटे का देखा,
साथ साथ में अपना।
ऐसा कभी नहीं था,
क्या देख रहा हूँ सपना॥

"एक बात अच्छी है इसमें,
बेटी वाला है निर्धन।
कहाँ पैरवी ? कौन करेगा,
छूटेगा निर्दोषी बन॥"

बेटे ने जो काम किया था,
उससे काम नहीं बद्तर।
इसमें भी अच्छाई ढूँढ़ी,
बाप हुआ बेटे से बढ़ कर॥

इनसान बने बेटे कैसे,
बाप बने जब घोर समर्थक।
फिर सतयुग की तुम करो कल्पना,
सोच निरर्थक, बात निरर्थक॥

फिर भी हारो नहीं, करो,
ऐसे बापों का बहिष्कार।
रहो गरीब के साथ सदा तुम,
चाहे वह धन का आगार॥

जैसे तैसे लिखी सूचना,
भाग रहा थाना गरीब।
वहाँ बात चले समझौते की,
न्याय कहाँ उसके करीब॥

घर की इज्जत चली गई,
सोच सोच न रोटी खाता।
भाग रहा थाना प्रधान घर,
वहाँ बिचारा धमकी खाता॥

बाप घूमता ठाठ बाट से,
वैसे ही बेटा बिगड़ैल।
जैसे लगता जीती बाजी,
तनिक नहीं चेहरे पर मैल॥

पैसा खोया चिन्ता करता,
मिली मुफ्त में बीमारी।
कोई न समझे उस गरीब की,
क्या क्या है उसकी लाचारी॥

बाप घूमता बेटा लेकर,
थाने में फैलाता रूबाब।
बाप पीड़िता मुँह लटकाता,
समझौते का उस पर दबाव॥

बाप पीड़िता बड़ा अनमना,
ओठ भी उसके सिले हुए।
क्या क्या करे वह बेचारा,
रक्षक-भक्षक सब मिले हुए॥

थाना ही मुश्किल एक नहीं,
खड़ी दूसरी अस्पताल।
बाप पीड़िता कहता कुछ भी,
आँखें करते सब लाल लाल॥

यहाँ तड़पती वह बेचारी,
जाने कितना खून बहा है।
सब मरने के इंतजार में,
दोनों का पैसा खूब बहा है॥

थाना, अस्पताल, बिगड़ैल बाप,
सब के सबने वह घेर लिया।
जहाँ जहाँ रक्षा को भागा,
सबने उससे मुँह फेर लिया॥

छलनी छलनी हृदय हुआ,
पत्नी बच्चे करते विलाप।
ताकत की पौ-बारह है,
मर गया बिचारा गरीब बाप॥

साहस नहीं बचा उसमें,
भीतर-ही-भीतर टूट गया।
उस पार उतरने की कोशिश में,
पास किनारा छूट गया॥

जंगल का अनुशासन कैसा,
संविधान की कहाँ चले।
खुद का विधान ही खुदा बना,
शोषित ही यहाँ हाथ मले॥

अच्छा था उसका अतीत,
पर आज दृगों में है पानी।
युगों-युगों से सदा रही है,
जीवन ज्वार कहानी॥

पाकर सब सुख भोग यहाँ,
मिलता फिर दारुण क्रन्दन।
हर्ष विषादों के क्रम में,
परिवर्तन से बनता जीवन॥

मनुज जन्म ही नहीं,
प्रकृति भी मोड़ों पर चलती है।
नव जीवन का अभिनन्दन,
समता से वह करती है॥

चारू चन्द्र के जीवन का,
परिवर्तन सबने देखा।
स्वर्ण थाल से सहसा मिट,
बनती धूमिल टेढ़ी रेखा॥

चाँद कभी गिरि शृंगों पर,
चढ़, अपना शौर्य दिखाए।
धीरे-धीरे मिट मिट कर,
फिर काल ग्रास बन जाए॥

लाती सुदूर से रूप राशि,
तन ओढ़े शाल सजीली।
आती ले यौवन भार कभी,
जब पूनम रात नशीली॥

हुआ तिमिर का राज,
क्रूर जब छीन लालिमा लेता।
रूप राशि को लूट, क्रूर,
तम बसन कालिमा देता॥

इन विकृत व्यापारों से,
निशिगति कभी भी रुकी नहीं।
लोक सुखों का भोग भोग कर,
बाधा से वह झुकी नहीं॥

तुम सपूत हो इसी धरा के,
धैर्य धर्म मत छोड़ो तुम।
मत साहस सम्मान विभव,
की सुयश शृंखला तोड़ो तुम॥

सन्ताप पूर्ण तुम मत होवो,
मत मारो अपने पानी को।
युगों-युगों तक रहने वाली,
भूलो मत ज्वार कहानी को॥

अन्धकार जग को ज्योतित कर,
राह मिलेगी इस पथ पर।
दहकोगे जब शोला बनकर,
हटे हृदय से घोर तिमिर डर॥

भाग्यहीन का भ्रान्ति भाव ले,
मल विकार तुम क्यों लाते।
जगती के इस कर्म क्षेत्र में,
कर्म हीन क्या पाते॥

ग्रीष्म काल की भानु रश्मियाँ,
अवनी तल पर जब पड़तीं।
प्रचंड धूप अति तीव्र ताप से,
दुखित मेदिनी तब तपती॥

धैर्य सदा धरती धरती,
विकट वेदना वह सहती।
बोलो अपनी वह करुण कथा,
क्या कभी किसी से कहती॥

तृषित ताप से, तपती भू पर,
देव दृष्टि जब होती है।
भू का मन मालिन्य मिटाने,
मेह वृष्टि तब होती है॥

गा चुके बहुत तुम स्वार्थ गीत,
लेकिन अब श्रम का सृजन करो।
कर चुके हजारों पापों का,
अब भी तुम इनका शमन करो॥

त्यागो अभिमानी मदिरा को,
अब प्रेम सुधा को तुम पी लो।
विश्वास प्रेम को बाँट बाँट,
देवत्व भाव से तुम जी लो॥

तुमने जो चित्र बनाया है,
यह आज जिन्दगी रोती है।
तेरे मन की कुटिल कालिमा,
अपने आँसू से धोती है॥

हो गए इतने तुम हृदयहीन,
जो हिंसा ज्वाल जला बैठे।
भारत का स्वर्णिम सा अतीत,
उसको भी आज भुला बैठे॥

सन्देह चिता में सोना डाला,
जल जल कर उसका तन बिखरा।
ज्यों ज्यों चूमा था लपटों नें,
त्यों त्यों उसका यौवन निखरा॥

इतना तपा आग में सोना,
सोना तो कुन्दन बन निकला।
लेकिन तुम तो रहे वहीं पर,
भूले कहाँ राग तुम पिछला॥

तेरी ओर निहारे प्रतिपल,
लेकिन उसकी पीर हरी है।
वरण कर चुका बहुत मुश्किलें,
जाने कितनी और पड़ी है॥

कठिन कष्ट की घड़ियों में,
फिर भी तेरा नाम न लेता।
तूने इतना दर्द दिया है,
फिर भी वह पहचान न देता॥

तुमने त्यागा देशाभिमान,
अपने ही घर में जूझ उठे।
भूखे नंगे उस राणा का,
देशानुराग तुम भूल उठे॥

देखो तुम मरु की रेती में,
कितनी आशाएँ चमक रहीं।
अनगिन सतियों के जौहर की,
ज्वालाएँ कितनी धधक रहीं॥

आजाद भगतसिंह गुरु बिस्मिल,
जो हँसे झूलते फाँसी पर।
तड़प तड़प वे ऊपर रोते,
इस कुटिल स्वार्थ की आँधी पर॥

देखो इसका कंकाल बाप,
तेरे खेतों में काम किया।
इसके बदले में तूने तो,
आँसू का स्नान दिया॥

कितनी पीड़ाएँ चीख रहीं,
देखो होते कंकाल दफन।
इनके क्षुधित आँसुओं से,
धोते हो अपने लाल बसन॥

सुनो निठुर तुम पत्थर दिल,
छोड़ी न तुमने निठुराई।
उसका तो अब सूना अतीत,
तुमने नफरत नहीं हटाई॥

अपने प्राणों का मोह छोड़कर,
रातें खोते भू पर सोकर।
श्रम गंगा में सदा नहाए,
प्राण मोह से निर्भय होकर॥

उनकी ही नौका डूब रही,
नहीं पा रही निज तट को।
जीती साँसों के मुर्दे की,
क्यों भेंट दे रहे मरघट को॥

कब किसका कोई विश्वास करे,
कौन है सच्चा कौन है झूठा।
तुझको उसने धन धान्य दिया,
तुने उसका सपना लूटा॥

प्रीति लालसा में शलमों ने,
किया था अर्चन दीप निकट।
दीपक को दया कहाँ आई,
पहुँचा दिया सभी को मरघट॥

दीपक की निठुराई भर से,
कितने शलमों के प्राण गए।
मर गए प्रीति में दीवाने,
दीपक फिर भी पाषाण रहे॥

इतनी प्रीति किसी को मिलती,
बँध जाता वह बन्धन में।
पर दीपक तो हर्षित होता,
शलभों के पीड़ित क्रन्दन में॥

जागो विषधर अब भी जागो,
जाग गया पीड़ित क्रन्दन।
बाँधो मत इसको हाथों से,
वह काट चुका अपने बन्धन॥

टूटेगा अब दर्प तुम्हारा,
भागेगा वह सिन्धु पार।
चूर-चूर होगी मनमानी,
दूर हुआ अब अन्धकार॥

बैठे थे वे भाग्य सहारे,
पढ़ते थे वे विधि का लेखा।
कितनी आहें टूट चुकीं,
फिर भी न खिंची धुँधली रेखा॥

विद्रोही अब है जाग गया,
आह्वान कर रहा वह तेरा।
शीघ्र मिटेगा अन्धकार,
कर रहा आगमन नया सवेरा॥

बेटी जब हो गई पीड़िता,
बाप बन गया पीड़ित आप।
हरा कहाँ मन मरुस्थल है,
सोता भी है ले प्रलय भाव॥

जो संघर्षों की घड़ियों में,
चलता था प्रबल प्रभंजन सा।
कण कण में कम्पन आता था,
सिंहनाद स्वर गर्जन सा॥

देह बही है प्राण नहीं है,
पर सपनों में विश्वास नहीं।
अब तक मनुज बदलते देखा,
इसीलिए अब आस नहीं॥

देख प्रलय के मेघों को,
मन भी बहुत निराश हुआ।
जीवन उसका जलयान बना,
वह नगर अथाह सैलाब हुआ॥

बन गया मुसाफिर वह जिस पर,
फरियादों की गठरी है।
ढूँढ़ रहा वह नगर जहाँ,
प्रभु की बेदर्द कचहरी है॥

पीड़ित ऐसा, सहला न सके,
अपने ही तन के रिसे घाव।
साथी, प्रेमी, दम देने वाले,
भाग लिए सब दबे पाँव॥

माटी ने अपना रक्त पिला,
दिया गुलाबों को जीवन।
माटी को मिलता प्यार कहाँ,
फूलों को मिलता आलिंगन॥

जीवन का यह लक्ष्य नहीं है,
केवल सुख वैभव उपभोग।
जीवन शान्ति नहीं मिल सकती,
नहीं साधते, यदि तुम योग॥

गमगीन पुरुष तूँ आज बता,
क्यों रोष बना रस रंग होली।
कहाँ गया वह फाग राग,
उन्मत्त गायकों की टोली॥

कर में रंग गुलाब नहीं,
न मस्तक में चन्दन अबीर।
छत की ओर टकटकी तेरी,
तेरा मन कितना अधीर॥

तुझको प्यारा चन्दन अबीर था,
अनुराग तुझे था धरती से।
तुम्हें मातृ रज प्यारी थी,
था प्रेम देश हित अर्थों से॥

यह होली का त्योहार आज,
तू आँखों में अंगार भरे।
'मेरी बेटी मेरी बेटी कहाँ
है?' का उच्चार करे॥

अब तो आगे घोर निविड़तम,
काल रूप अवरोध खड़े।
सुनने वाला कौन यहाँ पर,
अब तक न किसी के पाँव पड़े॥

अब तो बैठा भाग्य सहारे,
पढ़ता हूँ मैं विधि का लेखा।
अब तक तो नहीं खिंची है,
धूमिल सी धुँधली रेखा॥

नीर निकलना आँखों का,
परिजन हम अब भी रोके हैं।
तन का नीर बहा कितना,
फिर भी यह दिन देखे हैं॥

अभिमानी मदिरा को पीना,
उसने न अभी तक है छोड़ा।
बच्चों का, घर का क्या होगा,
लगता ईश्वर ने मुँह मोड़ा॥

कितनी ही बार निमंत्रण दे,
बुलवाया है उन किरणों को।
उतनी बार बिछाया है,
स्वागत हित अपनी पलकों को॥

कुछ भी सोचा नहीं उन्होंने,
देखी ना मेरी पीड़ा।
अब तक तो स्वर देन सकी,
वह टूटे तारों की बीणा॥

उलझाओ तुम तम गीतों में,
मैंने सिसकन से प्यार किया।
अपनी इन करुणा कराहों पर,
अपना सब कुछ अब बार दिया॥

सुनो! निठुर पत्थर दिलने,
छोड़ी न अपनी निठुराई।
सब कुछ मेरा हुआ अतीत,
फिर भी नफरत नहीं हटाई॥

होली का त्योहार जलन,
मैं होली में अंगार भरूँ।
बचा हुआ अब क्या बाकी,
जो खुशी खुशी श्रृंगार करूँ॥

कहाँ खुशी अन्तर्मन में,
बिटिया भी है अस्पताल में।
चहुँ ओर घिरा अब दुश्मन से,
लगता मैं भी काल गाल में॥

धैर्य धर्म अब काम न करता,
अवसादित हूँ भरता आहें।
फिर भी जीने की इच्छा में,
आशा आज तलाशे राहें॥

आँखों में बस बसी है बेटी,
याद करूँ चिन्तातुर होता।
भूख प्यास भी नहीं बची,
उसका दुख ही दुखी बनाता॥

होली का रंग नहीं चढ़ेगा,
अँधियारे ने किया है काला।
उजड़ गया वृन्दावन मेरा,
कहाँ बसेगा बंशीवाला॥

यदि और लड़ाई लड़नी है,
दुर्गम बर्फीले शिखरों से।
सुलह न करनी अँधियारे से,
भोगी लोभी असुरों से॥

माँ की खा सौगन्ध बढ़ूँगा,
डरूँ नहीं काले मेघों से।
बरसा करें बिजलियाँ चाहे,
सुलह न होगी साँपों से॥

दुख, अवसाद, वेदना यह,
तो जीवन के लघु बन्धन है।
धैर्य, कर्म, चेतना, साहस,
का करना अभिनन्दन है॥

तुम थाम प्याला हाथों में,
पाषाण छिपाये बैठे हो।
'मत दो' पर यह तो कह दो,
'क्यों आस लगाये बैठे हो।'

गीली आँखों से आज मिलाओ,
अपनी आज मदिर पलकें।
संवेदन का संसार न मेटें,
नहीं कह रहा वे छलकें॥

हया करेगी कभी एक दिन,
मदिरा को विष का प्याला।
जिसने दी मद की लाली,
कल कर देगी तुम को काला॥

चाहे जितना तुम रोकोगे,
प्रलय की आँधी कहाँ रुकेगी।
तोड़ेगा बाँध पहाड़ों को,
आँसू की कीमत नहीं चुकेगी॥

हे आर्य! वीर पुत्र तुम,
बढ़े चलो, बढ़े चलो।
प्रेम ज्योति साथ ले,
चले चलो चले चलो॥

आज तुम निकल पड़ो,
बुझे दीप जल उठे।
तेरी एक पुकार पर,
सोये कण चल उठे॥

बस लक्ष्य एक कर्म हो,
कर्म का अभिमान हो।
विपत्ति विघ्न जहाँ पड़े,
एक स्वर से गान हो॥

सुकर्म एक धर्म है,
यही बड़ा विवेक है।
कर्म ही प्रधान है,
कहीं न भाग्य लेख है॥

व्यष्टि को समष्टि में,
विलीन कर हम चलें।
अनेक में एक हैं,
भाव ले, हम बढ़ें॥

दीप चाहे सौ जले,
पर प्रकाश एक हो।
शब्द चाहे लाख हों,
अर्थ में न भेद हो॥

शरीर एक लोभ है,
पर विचार सत्य हैं।
शरीर है नाशवान,
आत्मा अमर्त्य है॥

बस एक सत्य पंथ हो,
सहृदय सहानुभूति हो।
आत्माभिव्यक्ति से,
आत्मानुभूति हो।

एक ही विश्वास हो,
बढ़े चलो, बढ़े चलो।
प्रेम ज्योति साथ ले,
चले चलो, चले चलो॥

सहानुभूति, सौहार्द, शीलता
कर्म योग पद दलित त्राण।
सत्यम्, शिवम्, सुन्दरम् से ही,
मानव का होता कल्याण॥

'सब मेरे हैं', मैं सबका हूँ,
यही तुम्हारे हों अभियान।
सारी धरा स्वर्ग बन जाये,
ऐसा लाओ नव विहान॥

**! हे आर्य पुत्र मानव महान!**
कहो नहीं तुम उसे पीड़िता,
घटनाग्रसित हमारी बेटी।
धरती तपी आकाश सूर,
बदले युग ने दुनिया लूटी॥

चाह यही, नव सूरज निकले,
घना अँधेरा छट जाये।
तरकश से कोई तीर न निकले
घर बेटी का बस जाये॥

ढूँढूँगा वर बेटी, तू सुन,
शादी तेरी करवाऊँगा।
किसी गले की माला थी,
तू, उसी गले डलवाऊँगा॥

ईश्वर कृत यह रूह, इसे,
हे बन्धु, नहीं तुम ठुकराना।
शादी का दूँ खुला निमंत्रण,
झिझक मेट तुम आ जाना॥

ओ क्रूर सुनो! सोचो फिर,
सम्बोधन का तुम बुरा न मानो।
सम्बोधन के अनुरूप नाम है,
काम तुम्हारा तुम जानो॥

हम उस देश के बासी हैं,
जिस देश में माटी माँ बनती।
वह रूह समूची जीवित थी,
उद्दाम क्रूरता इसे न छलती॥

करे अदालत तुम को दंडित,
उम्र कैद हो या हो फाँसी।
सजा अदालत की हो उससे,
पहले ही तुम पूजो माँ-सी॥

होगी बहना क्रुद्ध बहुत ही,
क्षमा करेगी तुम को कैसे।
उजड़ गया सपनों का उपवन,
मृत्यु हो गई उसकी जैसे॥

मरो हया से, पत्थर मारे,
रख दो सर उसके चरणों पर।
माफी की आशा में तुम,
गिरो सामने उसकी भू पर॥

लेना इसको समझ सजा तुम,
दंश तुम्हारा कम तो होगा।
अंतस्तल भी ठंडा होगा,
पश्चात्ताप का मरहम होगा॥

छोर नहीं आँसू का उसके,
तेज धार है नहीं किनारा।
नाव टिकेगी नहीं तुम्हारी,
इतनी तीव्र नदी की धारा॥

इतनी बड़ी क्षमा की महिमा,
सच्चे मन से करो समर्पण।
निखरोगे तो नहीं, मलिन,
अब मलिन हुआ है भू का दर्पण॥

तुमने यदि स्वीकार किया,
यह स्वयं दंड, होगा मरहम।
कानूनन जब सजा सुनोगे,
स्वीकारोक्ति बने बेचैनी कम॥

क्षमा करेगी यदि न बेटी,
पैर टिकेंगे इस धरती पर।
पश्चात्ताप करेगा, कुछ तो,
वजन बढ़ेगा इस जगती पर॥

कठिन परीक्षा बेटी दी, मत हो,
उदास मत हो निराश।
भूलेगा भगवान कहाँ,
देने को सुरभित गंध हास॥

कोई वीर बढ़ेगा आगे,
कोई तेरी बाँह गहेगा।
ऐसा जोड़ा बेमिसाल,
जगती पर जो नाम करेगा॥

शहर जगा, सरकार जगी,
जन जन में आक्रोश जगा।
जग गए सभी परिजन पुरजन,
हम सब में अब होश जगा॥

अब बात नहीं थी एक बाप की,
बाप सैकड़ों उदित हुए।
बात बढ़ी आगे सरकी,
कण कण जन–जन मुदित हुए॥

सिकुड़े, सिमटे अब तक बैठे,
सारे पक्षी फड़फड़ा उठे।
वातावरण जगा ऐसा,
रोगी मूँगे बड़बड़ा उठे॥

सोया कण कण जाग उठा,
बोले हम सबकी बेटी है।
हम सब इसके धर्मपिता,
जन-जन की सभी की हेटी है॥

जली करोड़ों मोमबत्ती,
युवकों ने यह सब काम किए।
बूढ़ी ने आँखें बाँध कहा,
माँ बहनों ने थे जाम किए॥

सुबह सुबह अखबार रँगे,
समाचार था अलग अलग।
जनता की आवाज उठी,
अब कोई नहीं था अलग थलग॥

जब सबने अखबार पढ़ा,
तन तन मन मन में थी ज्वाला।
छोटे जन की अब कौन कहे,
भड़ भड़ा उठे अफसर आला॥

जनता बोली आग लगा दो,
जले रेल या जलें बसें।
आँखें थीं सबकी लाल लाल,
लाठी पटकें फिर मूँट कसें॥

बोले बेटी बलहीन हुई,
हीन हुई मरने लायक।
पानी सर ऊपर चढ़ आया।
घूमें गुंडे बनकर नायक॥

जब तक होंगे यह नहीं बन्द,
अन्न नहीं हम खाएँगे।
भर जाऊँगा इसी जगह,
कहीं न उठकर जाएँगे॥

जनता का संकल्प सुना,
थाना डर कर थर्राया।
हुआ बहुत अब सुनो हमारी,
एक पुलिस जन गुर्राया॥

यदि हुआ एक्शन ठीक नहीं,
सेवा भी खंडित होगी।
बात यहीं तक नहीं रहेगी,
पुलिस यहाँ की दंडित होगी॥

बोले एस.ओ. "सुनो संग जन,
पकड़ो गुंडे भेजो जेल।
भला इसी में हम सबका है,
खत्म करो पैसा का खेल॥"

सभी पुलिस जन दौड़ पड़े,
जहाँ तहाँ गुंडों को पकड़ा।
पकड़ यहाँ थाने में लाए,
हथकड़ियों में उनको जकड़ा॥

सत्वर उनका चालान किया,
दिन दूसरे भेजा जेल।
गुंडे भी थर थरा उठे,
हुई आज सब तिकड़म फेल।

पुनः सबेरे अखबारों में,
समाचार आ गए नए।
बलात्कार के थे जो गुंडे,
सबके सब वे जेल गए।

समाचार शासन में आया,
तुरन्त ली कान्फ्रेन्स बुला।
"देखो गुंडे जेल गए हैं,
घटना का जब भेद खुला॥"

जन जन बोला जन जन से
देर हुई अंधेर नहीं।
अच्छा कदम लिया शासन ने,
नीयत उसकी में फेर नहीं॥

गुंडे त्रस्त यहाँ होंगे,
रुकेंगी बलात्कार की घटनाएँ।
निर्भय हो अब घूम सकेंगी,
माँ, बहनें औ' बालाएँ॥

गया केस अब न्यायालय में,
देर कभी होगा निर्णय।
फिर भी आज हुई जनता में,
पुलिस और शासन की जय जय॥